금융 위기 하락장을 먼저 겪은 투자자의 현실 조언

부동산 하락장에서 살아남기

부동산 하락장에서 살아남기

대치동 키즈 지음

금융 위기 하락장을 먼저 겪은
투자자의 현실 조언

재유

프롤로그

22년 겨울, 부동산 시장은 과연 어디로 가고 있을까?

"급매물도 안 팔립니다. 완전 급매만 하나 팔린 거고.... 잔금 치러야 하니까 현금 가진 사람한테 던진 거라고요."

"새 아파트 입주를 위해 기존 집을 매물로 등록한 지 오래인데 매수 문의가 뚝 끊긴 상황이에요. 가격을 1억씩 내려봐도 보러 오겠다는 사람이 없어서 결국 입주가 취소되게 생겼어요."

"몇 달 전까지만 해도 전세 계약 성사가 이렇게 어렵지는 않았는데, 여름 들어 집을 보러 오는 세입자가 손에 꼽을 수 있을 정도에요. 오더라도 대출 이자가 비싸니 보증금을 낮추고 월세를 내는 조건을 선호하지, 보증금 100% 전세는 세입자 구하기가 하늘의 별 따기입니다."

영원히 상승할 것만 같았던 부동산 시장이 바뀌고 있습니다. 불과 2년 전만 해도, 없어서 못 구하던 집이 넘쳐 나고, 줄을 서서 집구경하던 세입자들은 자취를 감추었습니다. 대구와 인천, 수원 등 입주장이 시작된 곳은 물론이고, 만성적인 공급 부족이라 떨어질 걱정이 없다던 서울도 20% 이상 하락하면서 2~3년 전으로 돌아간 곳이 수두룩합니다. 이러한 조짐이 조금이라도 보였다면 덜 당황했을 텐데, 어느 날 갑자기 시장이 얼어붙으니 미칠 노릇입니다. 시장의 상승을 전제로 세워놓았던 계획들은 전부 틀어졌습니다. 비과세하고 팔아서 상급지로 갈아타려고 했는데, 내 집이 팔리지 않은 채 비과세 만료 시한은 돌아오고 넘어갈 집에 줄 잔금 일정도 차질이 생기려고 합니다. 아마도, 지금 이 책을 읽고 있는 분이라면 "맞아, 내 이야기야" 하고 공감하실 것입니다.

만시지탄이지만, 필자는 과거 금융 위기 후 하락장을 먼저 겪은 경험을 토대로, 상승장이 한창이던 2020년에 "내 집 없는 부자는 없다."라는 책과 블로그를 통해 이러한 시장의 변화를 설명하고 미리 준비하자는 말씀을 드렸습니다. 그리고, 무주택자부터 다주택자에 이르기까지 상승장뿐만 아니라 하락장에서도 흔들리지 않는 생애 주기 실거주 투자와 경제적 자유를 위한 뿌리-줄기-잎이라는 자산 시스템을 제안하였습니다. 그리고, 2년 후인 2022년, 완전히 바뀐 부동산 시장에 혼란스러워하고 방향을 잡지 못하는 분들에게 이 책을 빌어 시장이 어떻게 바뀌고 있는 지 설명해 드리고, 새로 바뀐 시장에 맞는 투자 자세와 대처를 말씀드리려고 합니다. 이를 위해, 지난

2년 동안 대치동 키즈의 블로그에서 나눈 2,000건 이상의 댓글 사연을 모아 무주택, 1주택, 다주택으로 정리하여 각각 해법을 제시하였습니다. 22년 겨울, 부동산 시장은 과연 어디로 가고 있을까요?

● 현재 부동산 시장은 상승장 정점을 지났습니다.

부동산 시장은 상승장의 정점을 지나서 쇠퇴기를 맞이하고 있습니다. 부동산 시장은 크게 바닥기 - 회복기 - 상승기 - 급등기 - 쇠퇴기 - 바닥기의 사이클을 보이는데, 지금은 쇠퇴기 시기입니다. 표는 2000년부터 2022년까지 월별 아파트 매매가 상승률 (전국)입니다. 그중 검은색 표시는 월간 상승률이 1.0%를 넘었던 개월입니다. 마이너스 월간 상승률을 연속적으로 보였던 기간은 오른쪽에 주석을 달았습니다. 오른쪽 맨 마지막 사이클을 바닥-회복-성숙-급등-쇠퇴로 나누어 표시하였습니다.

이번 상승장 구간인 2012년부터 2022년까지 보면, 10년간 과열이라고 할 수 있는 월간 아파트 상승률이 1.0%를 넘었던 개월 수가 총 16개월이었는데 그중 15개월이 2020~21년에 몰려 있습니다. 4개월이 2020년, 11개월이 2021년이었습니다. 이는, 지난 10년간의 월평균 상승률인 0.34%를 3배 이상 상회하는 수치로 지난 2년간, 특히 2021년은 이번 상승장 중 역대급 급등기임을 알 수 있습니다. 지난 장에서 이러한 구간을 보이는 곳은 2001년~2003년, 그

월별 아파트 매매가 상승률 (전국)

	1월	2월	3월	4월	5월	6월	7월	8월	9월	10월	11월	12월	비고	사이클
2000년	0.49	0.78	0.58	0.19	-0.19	-0.19	0.10	0.19	0.48	0.19	-0.38	-0.87		회복기
2001년	0.10	0.58	0.87	0.96	1.04	1.31	1.85	2.63	2.03	0.61	0.52	1.20		
2002년	4.06	3.50	3.07	0.92	0.45	0.60	1.42	2.36	3.46	0.56	0.00	0.42		급등기
2003년	-0.14	0.69	0.75	1.16	2.29	1.18	0.38	0.61	1.36	1.70	-0.13	-0.65		
2004년	-0.20	0.35	0.39	0.40	0.11	-0.10	-0.18	-0.31	-0.15	-0.13	-0.39	-0.38	카드대란	침체(-1.9%)
2005년	-0.27	0.54	0.58	0.79	0.80	1.21	1.10	0.45	0.22	0.00	0.05	0.25		급등기
2006년	0.46	0.62	0.82	1.06	1.24	0.52	0.19	0.21	0.44	1.52	3.84	2.10		
2007년	1.01	0.30	0.09	-0.01	-0.11	0.03	0.17	0.14	0.15	0.16	0.15	0.04		
2008년	0.17	0.23	0.61	0.97	0.58	0.54	0.32	0.12	0.21	-0.07	-0.53	-0.87	금융위기	
2009년	-0.67	-0.30	-0.24	0.05	0.14	0.23	0.34	0.32	0.80	0.41	0.33	0.18	금융위기	쇠퇴기(-2.7%)
2010년	0.15	0.38	0.30	0.20	0.06	-0.04	-0.10	-0.03	0.16	0.28	0.54	0.61		
2011년	0.64	1.10	1.31	1.20	1.03	0.67	0.56	0.71	0.69	0.52	0.56	0.22	주택거래활성화	
2012년	0.19	0.19	0.19	0.14	0.03	-0.06	-0.15	-0.15	-0.21	-0.18	-0.09	-0.09	2기신도시입주	바닥기(-1.3%)
2013년	-0.09	-0.08	-0.05	-0.01	-0.02	-0.06	-0.03	-0.07	0.04	0.23	0.23	0.24	2기신도시입주	
2014년	0.12	0.19	0.35	0.25	0.06	0.06	0.09	0.14	0.32	0.36	0.24	0.22		회복기
2015년	0.15	0.27	0.45	0.57	0.45	0.52	0.45	0.45	0.58	0.36	0.49	0.20		
2016년	0.08	0.08	0.01	0.03	0.07	0.09	0.14	0.14	0.15	0.29	0.32	0.08		
2017년	0.02	0.00	0.02	0.03	0.05	0.22	0.26	0.29	0.06	0.10	0.13	0.12		성숙기
2018년	0.21	0.20	0.27	0.14	0.05	0.06	0.02	0.23	1.09	0.61	0.10	0.00		
2019년	-0.03	-0.11	-0.19	-0.24	-0.14	-0.20	-0.09	-0.02	0.03	0.11	0.15	0.43		
2020년	0.38	0.46	0.73	0.25	0.11	0.48	1.11	0.93	1.01	0.58	1.51	1.71		급등기
2021년	1.52	1.76	1.73	1.43	1.25	1.89	1.52	1.98	1.97	1.31	1.54	0.63		
2022년	0.32	0.16	0.10	0.19	0.25	0.04	-0.07	-0.23						쇠퇴기

출처 KB 부동산

리고 2006년에서 2007년 초입니다. 각각 IMF 이후 김대중 정부 급등기와 이어진 노무현 정부 급등기입니다. 이러한 급등기 이후에 부동산 시장은 금융 위기를 기점으로 쇠퇴기를 맞이했습니다. 2008년~2011년이 그 기간입니다. 2011년은 금융 위기 이후 침체할 때로 침체한 부동산 시장을 활성화하기 위해 이명박 정부에서 다양한 정책을 편 때입니다. 그로 인해 4개월 반짝 급등을 보였지만, 시계열로 보면 바닥 이전의 기술적 반등 구간이었다고 볼 수 있습니다. 이후

2012부터 2기 신도시 입주가 본격적으로 시작되면서 시장은 바닥을 찍습니다.

2022년 시장 역시 2021년까지 급등장을 마무리하고 쇠퇴기로 접어드는 모습을 보이고 있습니다. 표에서도 나오듯이, 2022년 들어서 전국 아파트 월별 상승률은 마이너스에 접어들었습니다. 이는 2008년 이후의 양상과 비슷한 모습을 보입니다.

● **2019년 상반기에도 상당히 내렸다가 폭발적으로 상승한 전례가 있습니다. 지금이 2019년과 유사한 것은 아닌가요?**

저 역시, 2021년 하반기 정부의 대출 규제 당시만 해도 그렇게 판단했었습니다. 왜냐하면, 2018년 하반기부터 2019년 상반기까지의 정체기의 주요인이 2018년 9·13대책과 같은 정부의 강한 규제책이었기 때문입니다. 하지만, 2019년은 몇 가지 이유로 2022년과는 다릅니다. 첫 번째는 직전 급등기의 여부입니다. 2019년 이전에는 급등기라고 할 수 있는 월간 아파트 상승률이 1.0%를 넘었던 개월 수가 고작 1개월 밖에 없었습니다. 반면, 2022년 이전에는 장장 15개월의 급등기 구간이 있었습니다.

두 번째는 인플레이션과 금리 변화입니다. 2019년의 소비자 물가 상승률은 1% 미만으로 물가 안정 목표를 상당히 밑돌았습니다. 반면 2022년은 상회하여 6% 선에 이르고 있습니다. 즉, 2019년은 디플

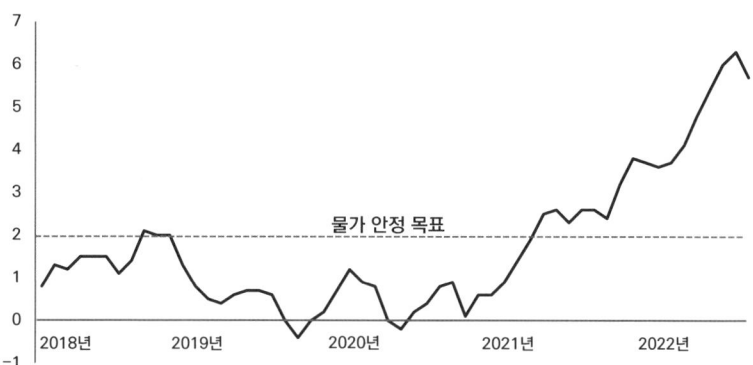

출처: 통계청

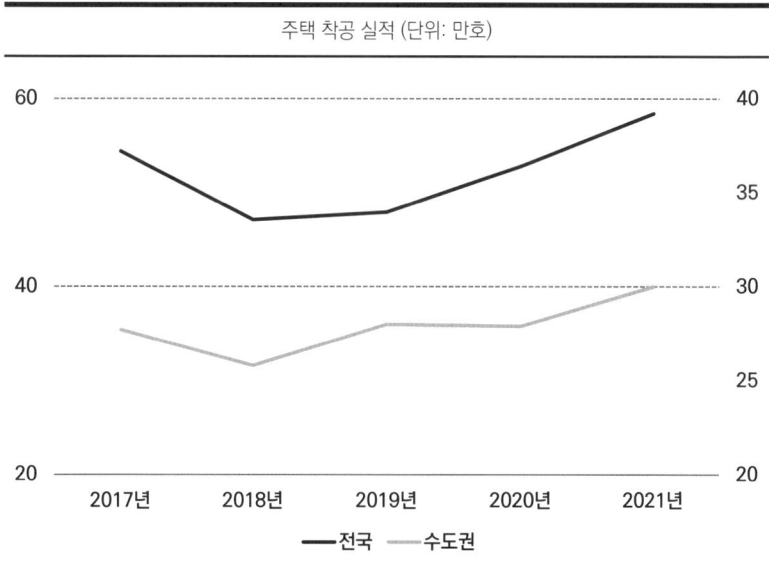

출처: 국토교통부

프롤로그

레이션이었고 2022년은 인플레이션이라고 할 수 있습니다. 금리 역시, 2019년과는 반대의 상황입니다. 2019년에는 한국 금리가 미국 금리를 역전하며 유동성 증가의 기폭제가 되었습니다. 하지만, 지금은 반대로 미 금리가 큰 폭으로 상승하여 다시 한국 금리를 넘어서면서 유동성 축소를 끌어내고 있습니다.

마지막으로는 착공 물량입니다. 문재인 정부 5년을 부동산 시장 규제로 기억하시는 분들이 많습니다. 하지만, 문재인 정부 5년은 어느 때보다도 분양과 착공이 늘었던 시기였습니다. 위에 표에서 보듯이, 2018년까지 줄었던 착공 실적은 2019년부터 증가하기 시작해 2021년에 58.4만 호에 이르렀습니다. 규제로 대표되는 문재인 정부 정책과 실제 데이터 간의 상반된 결과가 생긴 이유는, 문재인 정부 5년 동안 부동산 경기가 좋았기 때문입니다.

부동산 경기에 가장 민감한 것은 아파트 건설사입니다. 우리나라 민간 주택 시장의 주요 공급처인 아파트 건설사는 시장에 훈풍이 불 때를 절대 놓치지 않습니다. 하지만, 신기루처럼 탄력적인 수요에 비해 실물인 공급은 비탄력적이다 보니, 부동산 시장의 수요가 꺾인 이후에도 이미 착공된 물량에 의한 준공은 계속 이어집니다. 이러한 수급의 특성으로 인해 2018년부터 누적 증가된 착공 물량에 대한 입주장 여파가 21년부터 본격적으로 나타나고 있습니다. 이러한 입주장은 22년까지 증가한 착공 물량이 완공되는 25년까지 지속되게 되는데, 그 기간은 윤석열 정부 시기와 맞물리게 됩니다. 이렇듯, 3가지 조건이 2019년과 달라서 단순히 정부 정책만 보고 2022년을 2019

년처럼 될 것이라 보기에는 무리가 있습니다.

● "거래 절벽"이라는 말을 많이 보는 것 같습니다. 이런 현상들을 이전 15년 동안 보신 적이 있으신가요?

거래 절벽은 쇠퇴기에 나타나는 전형적인 현상입니다. 지난 쇠퇴기였던 이명박 정부에서도 이러한 거래 절벽은 자주 기사에 회자하였습니다. 쇠퇴기에 거래 절벽이 일어나는 이유는 상승기 매매 패턴에서 벗어나지 못한 매도자와 추가적인 가격 하락을 두려워하는 매수자 간의 심리적 틈으로 인해 기대 매도 가격과 기대 매수 가격의 차이를 좁히기 어렵기 때문입니다.

지금은 급매 가격이 실거래가가 되면서 가격을 끌어내리고 있습니다. 하지만, 아직 매도자들은 상승장의 관성이 남아 있고 손실 회피심리가 강하기 때문에 급매 가격보다 높은, 혹은 자신이 팔고 싶은 호가에 올려놓고 있습니다. 반면, 이러한 시기에는 가격 하락을 가늠할 수 없으므로 사람들은 매수할 생각을 하지 못합니다. 내가 산 가격이 최고가가 될까 두렵기 때문입니다.

● 22년 8월에 사람들이 전세 대란을 많이 걱정하였는데, 결국 일어나지 않고 오히려 역전세를 걱정하는 곳이 생기고 있습니다. 이유가 무엇인가요?

이 역시 쇠퇴기에 일어날 수 있는 현상으로 볼 수 있습니다. 매도자와 매수자 간의 기대 가격 틈이 벌어지며 거래 절벽이 일어나면, 매수자들은 매수를 보류하거나 전·월세로 넘어갑니다. 매도자 역시, 매매로는 자금 회수 가능성이 작아지면서 매물을 거두고 전·월세를 내놓게 됩니다. 그래서, 쇠퇴기에는 전·월세 물건도 증가합니다. 자연스러운 시장이라면 매수를 포기하고 전·월세로 가는 수요층 증가가 전·월세 물건을 소화해 주어야 합니다. 하지만, 2022년의 시장은 임대차 3법과 금리 상승 등으로 이러한 수요가 발생하지 못했습니다.

임대차 3법으로 인해 전셋값이 이중 가격이 되면서 기존 갱신권 만료자들은 이미 높게 올라가 버린 전세금을 따라가지 못합니다. 그리고, 전세 대출 금리가 상승하면서 월세 금리를 역전하였습니다. 그 결과, 많은 갱신권 만료 전세자들이 기존 살던 집에서 전세 상승분만큼을 월세로 전환한 반전세 형태로 눌러앉게 되었습니다. 집주인 역시, 보유세 감당을 위해 이를 용인하였습니다. 그래서, 전·월세 공급은 늘어나는 데 수요가 따라와 주지 못하는 일이 발생하고 있습니다. 여기에, 대구, 인천, 대전 등 광역시 입주 물량까지 겹치면서 8월 전세 대란은 일어나지 않고 오히려 물량 초과에 따른 역전세가 일어나게 된 것으로 보입니다.

● **그렇다면, 23년은 더 이상 반등할 여력이 없나요?**

지난 이명박 정부를 보면 11년에 반짝 반등 구간이 있었습니다. 이유는, 거래 절벽과 가격 하락을 해소하기 위해 다양한 완화책을 펼쳤기 때문입니다. 특히, 3월 22일 주택 거래 활성화 방안에서는 DTI 규제 철폐와 취득세 연말까지 50% 감면을 통해 매수를 유인했습니다.

2011년 당시 부동산 정책 개요

발표시기	대책명	주요내용
1월 13일	전월세 시장 안정화 방안	전세자금대출규모 1조3000억원 증액, 도시형생활주택 등 건설 때 주택기금서 2% 저리대출 지원
2월 11일	전월세 시장 안정 보완대책	서민근로자 전세자금대출 6000만원에서 8000만원으로 확대, 정책금리 4.2%로 인하, 매입임대사업자에 대한 양도세 중과 완화, 종부세 비과세 등 세제지원 요건 완화
3월 22일	주택거래활성화방안	총부채상환비율(DTI) 자율적용 3월말 종료, 생애최초주택구입자금대출 올해 말까지 연장, 주택거래 때 취득세 연말까지 50% 감면
5월 1일	건설경기 연착륙 및 주택 공급 활성화 방안	법인의 신규 주택임대 사업 허용, 서울 과천 등 과밀억제권역 양도세 비과세 요건 중 2년 거주 요건 폐지
8월 18일	전월세시장 안정대책	수도권 임대주택사업자 세제지원요건 3가구 이상에서 1가구 이상으로 완화, 매입임대사업자의 거주주택 양도세 비과세, 생애최초 주택구입자금 금리 연 4.7%로 인하
12월 7일	주택시장정상화 및 서민주거안정화지원방안	서울 강남3구 투기과열지구 해제, 다주택자 양도세 중과세 폐지, 생애최초주택자금 대출금리 4.2%로 추가인하

출처: 국토교통부

쇠퇴기에는 시장의 문법은 바뀌지만, 상승장 관성으로 여전히 사람들은 반등을 기대합니다. 그리고, 유동성도 남아 있어서 이러한 매수를 유인하는 완화책이 나오면 기술적 반등이 일어납니다. 만약, 윤석열 정부에서도 이러한 매수를 유인하는 완화책이 나오면 시장은 기술적 반등을 할 것으로 보입니다. 대표적으로 취득세 중과 해지와 DSR 대출 규제 폐지 혹은 완화 같은 것입니다. 하지만, 현 정부는 아직 그럴 생각이 없어 보입니다. 현 정부의 주요 실무진들이 이명박 정부 인사들이기 때문입니다. 과거, 섣부른 매수 활성화 정책으로 시장이 다시 상승하면서 곤란을 겪은 경험으로 인해 이번 정부는 쉽게 매수 활성화 정책을 펴지는 못할 것입니다. 다만, 정부의 움직임에 따라 이 전망은 언제든 바뀔 수 있습니다.

전세 시장 가격 역시 반등하려면 조금 더 시간이 필요해 보입니다. 우선, 전세 대출 이자가 월세보다 낮아져야 합니다. 더불어, 더 많은 사람이 매매를 포기하고 전세를 선택해서 현재의 전세 매물을 충분히 소화할 만큼 전세 수요가 증가해야 합니다. 그러므로, 전세 수요가 어느 정도 증가할지 지켜볼 필요가 있습니다.

프롤로그

관성적 투자를 지우고 하락장이라는 새로운 문법을 배울 때입니다.

투자의 시간이 올 때까지 필요한 것은 인내입니다. 부동산 투자에서 성공하려면 내가 정한 때가 아닌, 시장이 정해주는 때를 기다려야 합니다. 하지만, 대부분 사람은 매수할 때 내가 정한 때에 팔 것만을 생각합니다. 예를 들어, 무주택자나 1주택자들이 집을 살 때, 2년 거주 후에 혹은 2년 보유 후 OO 연도에 팔겠다고 계획을 정하는 식입니다. 다주택자나 투자자들도 별반 다르지 않습니다. 투자할 때, 시장을 정해주는 시기에 매도하겠다는 사람은 많지 않습니다. 그보다는, 매도 계획이 없거나 "그냥 OO 연도에 팔겠다"라는 식으로 매도 계획을 정하는 사람이 더 많습니다. 재미있는 것은, 그 매도 시점이라는 OO 연도는 특별한 기준이 아닌 다분히 개인적인 기준이라는 점입니다. 예를 들어, "OO 연도에 내가 상급지로 이동해야 하니까"라던가 "OO 연도에 OO 억을 달성하기 위해서" 와 같은 개인적 계획이 매도의 기준이 되는 식입니다.

여기서 질문이 있습니다. 상식적으로 생각하면, 우리는 부동산 시장이 정해주는 때에 사고팔아야 돈을 벌 수 있습니다. 그런데 왜, 항상 투자할 때마다 많은 사람이 개인적인 계획에 맞추어 사고파는 것일까요? 그것은, 세상을 자기중심적으로 바라보고 사고하는 우리의 뇌 구조 때문에 그렇습니다. 이 말을 들은 사람들은 "내가 얼마나 주변 사람을 의식하는데…."라고 반문하겠지만 주변 사람을 의식하는 것 역시 자기 생각대로 의식을 하는 것뿐입니다.

세상을 자기중심적으로 바라보면 마음이 편해집니다. 왜냐하면, 자기가 중심이 되는 세상은 스스로 예측 가능해지기 때문입니다. OO까지 OO를 해서 OO 하면 되겠다고 정하는 순간 마음이 편해집니다. 이 완벽한 계획에 변수가 개입할 여지가 없기 때문입니다. 만약, 누군가 자기 생각이 전혀 없이 세상의 변화에 맞춰서 살아야 한다면 그 사람은 신경쇠약에 걸릴 수밖에 없습니다. 세상의 변화는 예측 불가능하므로 이를 전부 다 지켜보면서 하루하루를 살다가는 마음 편한 날이 없기 때문입니다. 설령, 전부 다 관찰하더라도 결정장애에 시달릴 가능성이 큽니다. 언제 어떻게 바뀔지 모르는 변화 때문에 결정하기가 어렵기 때문입니다.

● 관성적인 자기중심적 계획이 더 이상 통하지 않는 시장

2021년도까지 부동산 시장은 마음 편한 투자 환경이었습니다. 왜냐하면, 자기중심적이고 개인적인 매도 계획을 짜도 시장이 그것을 받아 주었기 때문입니다. 자기중심적 혹은 개인적 매도 계획의 특징은 언제나 내가 산 가격보다 무조건 올라서 팔 수 있다는 전제를 깐다는 것입니다. 이러한 전제가 있어야 내가 원하는 날짜에 원하는 가격에 팔 수 있기 때문입니다. 그리고, 지금까지의 부동산 시장은 이 전제를 충실하게 담보해 주었습니다. 하지만, 2022년도가 되면서 부동산 시장은 이 전제를 담보해 주지 못하고 있습니다. 그러자, 그동안 부동산 시장은 언제나 오른다는 전제를 가지고 지금까지 하던 대로 개인적 매도 계획을 짰던 사람들은 일대 혼란에 빠졌습니다. 내가 원하는 시기에 원하는 가격에 팔 수 있다는 전제가 깨지면서 그다음 계획까지 어그러지기 시작한 것입니다.

그러면서 나타난 현상이 바로 불안감입니다. 자기중심적 계획을 통해 완벽하고 예측할 수 있는 투자를 해 왔는데, 그것이 되지 않으니 그때부터 온갖 세상의 불확실한 변수가 판단에 개입하기 시작한 것입니다. 그 변수가 많으면 많을수록 내가 풀어야 할 방정식은 고차방정식이 되고 결국 통제를 잃어버리면서 불안감은 극에 달하고 있습니다. 제 블로그에 달리는 댓글들에도 이러한 불안감이 잘 드러납니다.

"직장 다니고 있는 무주택자입니다. 고분양가에 집을 계약했는데 혼자 벌고 있어서 이번 주 토요일 중도금 자서 쓰는 걸 앞두고 계약금을 포기해야 하나라는 생각까지 듭니다. 요즘 집값 하락 소식에 더 손해가 커지는 건 아닌가 해서요. 위기를 잘 극복해나가셨다니 극복하신 분의 조언이 궁금합니다."

위에 사연에서 보이는 것은 자기 계획대로 부동산 시장이 따라주지 않으면서 일이 풀리지 않아 생기는 불안감입니다. 계약 당시 부동산 시장이 그래도 오를 것으로 생각했는데 그 전제가 깨지면서 완벽하게 변수를 통제하던 자기 세상의 투자에 온갖 변수가 껴들었습니다. 그렇게 순식간에 많아진 변수로 인해 스스로 통제 불가능한 상황에 빠지면서 결정장애가 일어난 것입니다.

● **불확실한 22년을 이겨내는 방법은 빡빡한 자기 계획을 일정에서 지우고 생각할 시간을 확보하는 것**

앞서 말한 데로, 불안감이 생기는 원인은 자기 계획대로 부동산 시장이 따라주지 않아 일이 풀리지 않았기 때문입니다. 스스로 정한 계획대로 일이 성사돼야 다음 일정을 맞출 수가 있는데 그것이 뜻대로 되지 않으면서 시간의 압박을 느끼는 것입니다. 그리고, 투자에 있어 가장 피해야 할 시간의 압박을 느끼다 보니 위의 댓글처럼 계약금을 포기하고 수천만 원의 손해를 보겠다는 비합리적 결정에 이르고 말게 되었습니다. 이러한 불안감을 해소하려면 원인을 제거해야 합니다. 그 원인은 바로 스스로 만든 계획입니다. "OO까지 OO를 팔아서 OO를 하겠다"는 계획을 일정 다이어리에서 지운다면 불안을 느낄 것이 없습니다. 계획이 없으니 시간이 널찍해집니다. 조급함을 느낄 것도 없습니다. 코너에 몰릴 것이 없으니 자기 생각과 방향을 시장 변화에 맞춰 수정할 시간도 확보할 수 있습니다.

이것은 자기 생각을 버리라는 것을 의미하지 않습니다. 앞서 말씀 드린 데로 자기 생각 없이 세상의 변화만을 바라보며 살아갈 수 없습니다. 매 순간의 불확실한 변수로 인해 단 1분의 결정도 할 수 없는 신경쇠약에 걸리기 때문입니다. 사람은 좋든 싫든 자기중심적 판단을 하면서 살아야 합니다. 하지만, 그동안 긴 상승장으로 굳어진 관성적인 생각으로 잡아 놓았던 투자 계획을 일정에서 지울 수는 있습니다. 지금 부동산 시장은 빠른 판단과 실행이 필요한 시장이 아닙니다. 당장 오늘 안 산다고 그 물건이 사라지지 않습니다. 주식처럼 상장 폐지가 돼서 사라지지 않으니 당장 팔지 않아도 등기는 어디 가지 않습니다. 무엇을 사기 위해 팔아야 하는 계획이라면 사는 것을 멈추면 팔 필요가 없어집니다. 그렇게 시간을 벌어서 할 일은, 그동안 관성적으로 바라보던 시장을 되돌아보면서, 2022년을 기점으로 바뀌는 새로운 시장의 문법에 맞춰 생각을 정리하는 시간을 갖는 것입니다. 그 시간을 통해 방향을 다시 잡고 그에 맞는 자기 계획표를 다이어리에 다시 쓰는 것입니다.

새 술은 새 부대에 담아야 하는 법입니다. 새 부대에 새 술을 담으려면 새 부대가 어떻게 생겼는지 보고 어떻게 담아야 할지 생각해야 합니다. 지금은, 달리는 시간이 아닙니다. 그보다는, 생각해야 하는 시간입니다. 그리고, 중요한 건 속도가 아닌 방향입니다.

혼란스럽고 어려운 시기입니다. 부디, 이 책이 어려운 시기를 넘기고 희망을 구하고자 하는 여러분에게 도움이 되기를 바랍니다.

차례

프롤로그
22년 겨울, 부동산 시장은 과연 어디로 가고 있을까? ········· 4
관성적 투자를 지우고 하락장이라는 새로운 문법을 배울 때입니다. ········· 16

PART1 무주택자 어떻게 하면 좋을까요?

1. 부동산 하락장, 내 집을 사는 것이 불안합니다.

무주택자로 있는 것도 불안하지만 주택을 사는 것도 불안합니다. ········· 29
이제 와서 내 집을 사려니 너무 늦은 거 같아요. ········· 36
내 집을 사려니 배우자가 반대합니다. ········· 42
제 인생이 부정당한 것 같습니다. 어떻게 해야 할까요? ········· 47

2. 부동산 하락장, 내 집 마련은 어떻게 해야 할까요?

지금 시기에 무주택자 내 집 마련은 어떻게 해야 할까요? ········· 53
생애 주기를 따르는 것이 내 집 마련에 동기 부여가 될 수 있을까요? ········· 60
집을 정하기가 너무 힘듭니다. 저 결정장애인가요? ········· 64
급매를 잡는 방법이 궁금해요. ········· 72

스톡 데일 대령이 부동산 시장 참여자들에게 주는 조언 ········· 80

PART2 1주택자 어떻게 하면 좋을까요?

3. 부동산 하락장, 갈아타기가 고민돼요

갈아타려고 집을 내놨는데 거래가 안 됩니다. 기다려야 할까요? ················· 87
기존 집이 팔리지 않습니다. 비과세를 포기해야 할까요? ························· 94
갈아타기를 해야 하나요, 집 수를 늘려야 하나요? ································· 100
침체장이라는데, 더 주고 로열 층 vs 급매 비선호 층 중 무엇이 나을까요? ··· 106

4. 1주택자를 넘어, 다주택자가 되고 싶어요

1주택자는 앞으로 어떻게 투자해야 할까요? ·· 111
실거주 목표 달성 후 허무합니다. 어떻게 해야 할까요? ·························· 117
1주택자를 넘어 자산가가 되고 싶은데 세금 압박으로 엄두가 안 납니다. ····· 123
집은 파는 게 아니라 모아가는 거라는데 맞나요? ································· 130
이제는 내 집을 뿌리 삼아 부동산 선순환 투자를 고민할 때입니다. ·· 136

PART3 다주택자 어떻게 하면 좋을까요?

5. 부동산 하락장, 매매도, 전세도 안 나가요

매수만 하고 매도한 적이 없습니다. 언제 팔아야 할지 모르겠습니다. ············ 149
요즘 같은 시기, 어떻게 해야 매도를 잘 할 수 있나요? ································ 157
전세를 빼기 위한 팁은 무엇이 있을까요? ··· 167
마음이 힘든 이 시기에 어떤 자세로 어떤 노력을 해야 할까요? ·················· 175

6. 부동산 하락장, 투자를 멈추니 답답합니다.

예기치 못한 변화에 대한 두려움 때문에 부동산 투자를 할 수가 없어요. ······ 183
돈이 묶인 것을 알면서도 아무것도 안 하고 있으려니 답답합니다. ··············· 191
부동산에 대한 열정이 사라지려 할 때 어떻게 극복하나요? ························ 199
부채가 너무 많은 것 같습니다. 어떻게 관리해야 투자할 수 있을까요? ········ 206

7. 다주택자를 넘어 투자를 넓혀가고 싶어요

다주택자이다 보니 투자 엄두가 안 납니다. 어떻게 극복해야 할까요? ·········· 215
투자할 때 혼자 결정을 내려야 하는데 어떻게 해야 할까요? ················· 223
열의는 넘치는데, 실행하기가 너무 어려워요. ································· 233
새로운 부동산 분야 투자의 두려움을 이기는 방법은 무엇인가요? ············ 243
시황에 흔들리지 않는 투자를 하려면 돈의 원칙이 중요합니다. ········ 252

에필로그
경제적 자유를 이루려면 어떻게 준비해야 할까? ································ 260

부동산 하락장에서 살아남기

PART1
무주택자
어떻게 하면
좋을까요?

1. 부동산 하락장, 내 집을 사는 것이 불안합니다.

무주택자로 있는 것도 불안하지만 주택을 사는 것도 불안합니다.

"안녕하세요. 이전 매수 문의드린 적이 있는 무주택자인데 아직도 관망 중입니다. 인플레이션 중에 무주택으로 있는 것도 불안하고 주택을 매수하자니 한 치 앞을 모르는 지금 사는 게 맞는지도 모르겠습니다.

이래도 불안하고 저래도 불안한 요즘, 어떻게 하면 좋을까요?"

이번 사연은 첫 내 집 마련을 위해 부동산 투자를 시작하려고 하시는 분의 고민입니다. 사연을 주신 분의 고민은 같은 상황에 있는 분이라면 한 번씩은 해 봤고 주변에 자문했을 만한 사연입니다. 부동산 유튜버나 블로거라면 한 번씩을 다루어 봤을 주제이기도 합니다. 이 주제로 인터넷상에 갑론을박이 일어나기도 합니다. 아마, 이 주제를 접하신 분들 대부분은 "무슨 고민을 하냐. 당연히 실거주한 채는 있어야지!"라고 생각하실 것 같습니다. 많은 인플루언서도 그렇게 이야기하고 있기도 합니다. 그러다 보니, 사연을 주신 분의 심정처럼 무주택으로 있는 것이 마치 시대에 역행하는 듯해서 불안합니다. 심지어 우울 증세까지 겪는 분도 여럿 보았습니다. 인플레이션으로 물가가 치솟는 것도 은근히 신경이 쓰입니다. 하지만, 또 막상 이제 와서 집을 사겠다고 하니 그동안 하늘 높은 줄 모르고 올라온 가격이 야속합니다. 내가 꼭지에 잡을 것 같아서 불안합니다. 마치, 러시안룰렛에서 탄환 한 발이 들어 있는 리볼버 총의 탄 실이 한 바퀴 다 돌고 나에게 온 것 같은 상황처럼 느껴집니다. 분명히, 한 바퀴 돈 거 같아서 내 머리에 쏘기가 겁이 나는데 왠지 나도 무사히 넘기고 다른 이에게 총을 넘겨줄 수 있지 않을까 하는 생각에 잠을 못 이룹니다.

솔직히 말씀을 드리면, 저는 상승장 후반기라고 하는 이 시기에 부동산 상승을 확신하면서 무주택자분들에게 투자를 권하는 것은 조심해야 한다고 생각합니다. "걱정하지 마! 부동산 무조건 상승하니까 지금이라도 탑승해야 해!"라고 말을 하는 사람들이 과연 그들도 지금 가격에 사고 있는지, 아니면 그동안 쌓인 수익을 실현하려고 매도 고민하고 있는지 알 수 없습니다. 부동산 시장만큼 정부부터 개인까지 말과 행동이 서로 다른 곳도 없습니다. 과거의 부동산 하락장을 지나면서 저는 수많은 하우스 푸어[1] 기사를 접하고 주변에서 보았습니다. 무리하게 집을 늘렸다가 뜻하지 않은 생활고가 생기면서 자살을 한 일가족도 있었습니다. 리만 위기 직후 평균 7%, 최대 10%까지 금리가 뛰면서 영혼까지 끌어다 투자하였던 실거주자들이 원리금 상환에 어려움을 겪었습니다. 그 뒤에는 본격적인 부동산 가격 하락이 시작되면서 이자 부담과 자산 가치 하락이 동시에 찾아왔습니다.

주택담보대출 최대 금리가 6%를 넘어갔다는 기사가 나오는 지금, 집을 마련하려는 무주택 분들에게 원리금 부담은 생각하지 않을 수 없는 일이 되었습니다. 톡 방에서는 분양받은 집에 들어가려고 하니 주택담보대출 한도도 한도이지만 원리금 부담이 만만치 않아서 전세를 돌려야 할지 고민이라는 글이 심심치 않게 나오고 있습니다. 대출 이자가 가계의 40~50%를 차지해서 풀을 뜯어 먹어야 할 지경이라는 글도 보았습니다. 이제는 무주택자에게 오를 테니 무조건 사라고 말할 시기는 더 이상 아니라고 생각합니다.

그렇다면 떨어질 때까지 사지 말 것을 주문하는 것은 쉬울까요? 상승이니 무조건 사라고 말하는 사람의 반대편에는 무조건 떨어지니 사지 말고 기다리라는 말을 쉽게 하는 사람이 있습니다. 요즘같이 시기에는 이들의 주장이 좀 더 힘을 받는 것 같기도 합니다. 하지만, 이들의 주장처럼 막상 매물이 늘어나고 가격이 내려가는 대구나 세종 같은 지역에서는 오히려 내 집을 마련하려는 분들이 위축되고 있습

---

[1] 집을 보유한 가난한 사람' 혹은 '집 가진 빈민'을 지칭하는 말로 대출을 받아 집을 장만했으나 주택가격 하락 등으로 빚을 지거나 손해를 본 사람을 지칭

니다. 그토록 원하던 하락장이 왔는데도 말입니다. 그 이유는 러시안 룰렛과 같습니다. 내가 사고 나서 더 떨어지면 어떡하냐는 손실 회피 심리로 인해 내 차례가 왔을 때 방아쇠를 당기지 못하는 것입니다.

군중 심리는 가판대의 원리와 같습니다. 가판의 물건이 없고 곧 완판이라는 푯말을 걸면 사람들은 남은 거라도 사려고 비싼 돈을 냅니다. 그리고, 간신히 하나 구했다고 만족합니다. 하지만, 갑자기 가판의 물건이 쌓이기 시작하면 언제 그랬냐는 듯이 관망하고 옆 사람의 눈치를 봅니다. 더 좋은 물건이 나왔는데도 그렇습니다. 그러다가, 다시 물건이 하나둘씩 빠지고 눈에 보이는 물건 개수가 줄기 시작하면 다시 마음이 급해집니다.

● 하락장에서 내 집 마련 문제 어떻게 풀어야 할까요?

내 집 마련의 이유를 외부에서 찾는 것이 아닌 나와 가족의 생애 주기에서 찾으면 의외로 해결의 실마리를 얻을 수 있습니다. 왜냐하면, 나와 가족의 개인적인 사유로 집을 사겠다고 하면 온갖 소음이 넘치는 외부에 귀를 막을 수 있기 때문입니다.

제가 첫 집을 사고 상급지로 갈아타던 2011년부터 2014년에도 이러한 생애 주기법을 이용하였습니다. 당시에 시장을 보면 더 떨어질 거로 생각해서 1~2억씩 손해를 보고 파는 사람들이 부지기수였습니다. 그리고, 대부분 무주택자는 집을 사기보다는 전세로 몰리는 바람에 전세 대란이 일어나기도 하였습니다. 그 당시에, 사이클을 생각해서 집을 사기란 어려웠습니다. 중개소도 파리가 날리던 시절입니다. 하지만, 저는 아이들 학업에 맞춰 상급지 이동해야겠다는 생각이 확고했습니다. 갈아탈 때 집값의 70%나 되는 대출 부담이 있어서 전세를 주어야 하나 멈칫했지만, 배우자가 가야 한다고 해서 감행했습니다.

혹자는 "그때는 저점이었던 것 아니냐?"라고 반문할 수 있습니다. 하지만, 그건 한참 후에 데이터로 알게 된 것입니다. 당시에는 그때가 저점이라는 것을 확신한 실거주자는 아무도 없었습니다. 지금도 마찬가지입니다. 많은 전문가가 이 시기가 침체장이냐 하락장이냐 갑론을박을 벌이고 있지만 그 결과는 한참 후에 데이터로 알 수 있습니다. 그때 가서 누가 맞았나 해봐야 이미 지나간 과거일 뿐입니다.

> "오케이, 일단 생애 주기를 가지고 내 집 마련을 해야 할지를 결정했다고 칩시다. 그렇게 샀는데 떨어지면 책임질 수 있나요?"

제가 미래를 보는 노스트라다무스라면 책임지겠지만 안타깝게도 저는 여러분과 같은 투자자입니다. 그래서, 책임을 질 수 없습니다. 하지만, 그렇게 마련한 내 집에서 만족감을 느끼고 살다 보면 사이클을 이기는 투자가 가능하다는 말씀은 자신 있게 드릴 수 있습니다.

사이클을 이기는 투자는 사실 특별한 것이 아닙니다. 오히려, 많은 실거주자가 경험한 지극히 단순한 사실입니다. 부동산을 사고파는 것보다 어려운 것은 장기로 보유하는 것입니다. 보유의 과정에서 일어나는 수많은 정책 변화와 외부 변수, 대중의 소음이 내 마음을 흔들기 때문입니다. 심리는 유리와 같습니다. 이러한 유리와 같은 심리를 이겨내고 그 어렵다는 장기 보유를 가능하게 하는 가장 확실한 방법은 엉덩이 깔고 사는 것입니다. 생애 주기를 통해 내가 살고 싶은 집과 지역에 가서 살면 행복의 엔도르핀이 돕니다. 이러한 엔도르핀은 유리와 같은 심리를 안정시키고 외부 소음에 무디게 만듭니다. 아이들 학업 뒷바라지하다 보면 십 년은 순식간에 지나갑니다. 그러다 보면, 설령 사자마자 하락장이 왔다고 해도 어느새 상승장을 맞이하게 됩니다. 정보의 흐름이 빨라진 요즘은 부동산 사이클도 10년 주기보다 짧아졌으니 더 빨리 상승장을 맞이할 수도 있습니다. 이것이 바로 사이클을 이기는 방법입니다.

어떤 부동산을 사든 간에 첫 투자를 하면, 내 생애 가장 큰 지름을 했다는 사실만으로도 잠을 자지 못할 정도로 불안을 느끼게 됩니다. 하지만, 무주택자로 있어도 불안함을 느끼기는 마찬가지라면 차라리 저지르고 불안한 게 낫지 않을까 싶습니다. 해도 불안하고 안 해도 불안하면 하고 불안한 게 낫습니다. 한 걸음 더 나아가, 하고 불안할 것이라면 이왕이면 내가 정말 사고 싶은 집을 사고 불안한 게 낫습니다.

첫 집으로 사고 싶은지를 확실히 하는 방법은 임장을 가서 그곳의 분위기를 보는 것입니다. 동네를 돌아다니면서 느낌을 받으면 결정장애를 조금은 벗고 확신을 가질 수 있을 것입니다. 그렇게 한발 한발 다가가다 보면 결정의 순간을 맞이할 수 있을 것으로 생각합니다. 오늘도 잠 못 이루고 첫 집 마련에 고민하시는 분들에게 작은 도움이 되었기를 바랍니다.

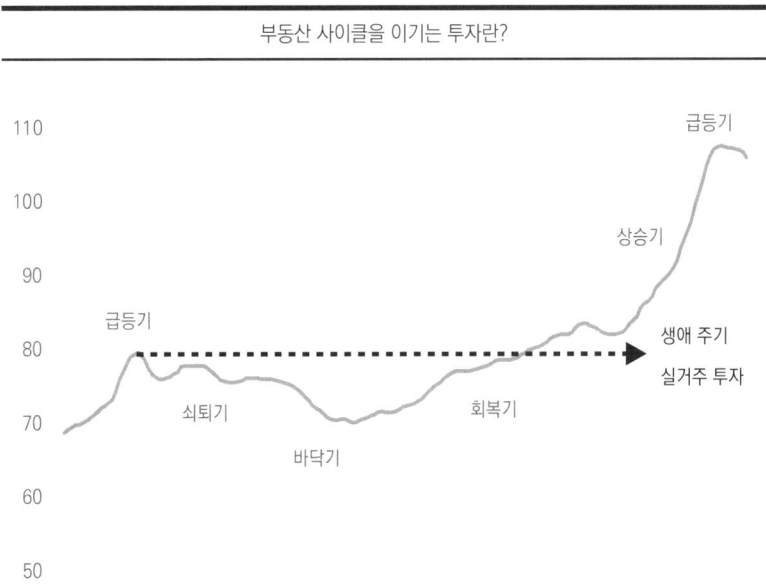

이제 와서 내 집을 사려니 너무 늦은 거 같아요.

"올해 1월부터는 본격적으로 서울 집을 알아보다 보니 절망에 빠졌습니다. 빚도 없이 통장에 넣어놓고, 돈이 충분한지 알고 경제관념 전혀 없이 살았습니다. 그렇다고 흥청망청 쓴 것도 아닌데, 남들이 적든 많든 시세차익을 얻고 대출을 이용해 자산을 증식하고 있는 사이 저희는 벼락 거지가 되어 버렸습니다. 내 집 마련 걱정에 현재 경제활동도 하지 않고 있으니 우울증이 올 것 같은 기분입니다.

3월부터는 경제 서적을 찾아 필기하며 읽고 있습니다. 후회와 자책에 빠져 괴로웠습니다. 경제 관련 서적을 한 권이라도 읽었더라면, 시골 간다고 할 때 주변 사람들 반응이 별로였을 때, 아파트 분양권이라도 사서 들어갈 생각을 왜 안했을까 후회됩니다. 지방에서 부동산 투자는 의미 없다고 생각하고, 부동산 투자자들을 색안경을 끼고 대한 것도 사실입니다. 몰라도 너무 몰랐지요. 요즘은 뒤늦게 자본주의를 깨닫고, 그간 간직하던 가치관까지 완전히 무너져내리는 처참한 경험을 하고 있습니다. 저 어떻게 해야 할까요?"

대치동 키즈의 블로그를 통해 이제 새로 부동산 시장에 진입하시는 분들의 고민을 많이 접하고 있습니다. 그동안 투자에 대해 생각하고 살지 않았다가 우연한 계기로 인해 주변을 돌아보았더니 자신은 벼락 거지가 되어 있다는 사연이 많습니다. 그래서 뒤늦게 부랴부랴 한 채라도 마련해 보고자 하는 데 집값이 너무 뛴 것 같아서 지금 하기에는 늦은 것이 아니냐는 걱정입니다.

개인적으로 패닉 바잉[1]과 벼락 거지라는 말을 정말 싫어합니다. 부동산 투자를 하면서 제일 경계를 하는 것은 감정에 휘둘리는 것입니다. 그것이 희열이든 절망이든 후회이든 조급함이든 어떠한 감정의 소용돌이에 휘말리게 되면 냉정한 판단을 하기가 불가능해집니다. 냉정한 판단을 해도 지식이 부족하거나 실행력이 떨어지면 투자의 실패로 연결되는 것이 부동산 투자입니다. 하물며, 감정에 휩싸여 판단하게 되면 어떻게 될지는 불 보듯 뻔합니다. 특히나, 시간이 쫓긴다는 조바심이라는 감정은 부동산 투자와는 상극입니다 매수에서

---

[1] 가격 인상이나 공급 부족에 따른 두려움을 느끼고 무리하거나 과도하게 물건을 사는 일

는 가격보다 더 비싼 금액에, 매도에서는 더 싼 금액에 던지는 결과를 초래할 때가 많기 때문입니다. 주변의 부추김이나 재정적 압박 때문에 시간 여유 없이 쫓긴 나머지 팔면 안 되는 것들을 팔게 되거나 사면 안 되는 것들을 사게 만드는 것도 바로 조바심입니다. 패닉 바잉이나 벼락 거지라는 말은 다분히 조바심을 일으키는 말입니다. 내가 너무 늦었다고 생각한 나머지 정신을 놓은 채 매수하게 만들기 때문입니다. 이러한 행동은 똥인지 된장인지 구분하지 못한 채 엉뚱한 물건을 비싼 가격에 사게 될 확률로 이어지고 결과적으로 매도까지 어렵게 만듭니다. 혹자는 반문할 수 있습니다.

"상승장 때도 이미 들어가기에는 너무 늦은 거 같아서 조바심이 났는데, 가격이 내려간다고 해도 조바심이 나기는 마찬가지입니다. 벼락 거지를 면할 기회를 또 놓치는 것이 아닌가 싶다가도 들어가려니 이미 시장이 끝난 거 같아서요."

저는 지금 여러분이 느끼는 늦었다고 생각하는 마음을 지난 금융위기 하락장에서도 똑같이 가졌었습니다. 하락장 바닥이었던 2011년 20평대 실거주 집을 살 때도 20평대는 이미 사기에는 늦었다고 생각했습니다. 왜냐하면, 거주 비용을 줄이기 위해 사람들이 소형 평수에 몰리면서 20평대 이하는 금융 위기 전고점을 뚫고 올라가고 있었기 때문입니다. 그때, 사람들은 부동산은 끝났는데 아파트가 오르는 것은 비정상이라며 꼭지라고 말했습니다.

2014~2016년 투자할 때도 저는 늦었다고 생각했었습니다. 지금 투자자들이 볼 때 그 시절의 투자는 정말 다시 오지 않을 전설과도 같은 시기로 여겨지겠지만, 당시 제가 투자를 막 시작할 때도 이미 많은 인플루언서들이 여러 채의 주택 투자를 끝내 놓고 팟캐스트를 열고 강의 홍보를 하고 있었습니다. 그런 사람들의 이야기를 들으며 부동산을 사러 갈 당시에도 너무 비싸다고 생각했습니다.

2017년~2019년 투자할 때도 저는 한 번도 빨랐다고 생각을 한 적이 없습니다. 나중에서야 알게 되었지만 제가 수도권에서 투자하고 있을 당시에 발 빠른 사람들은 지방으로 들어갔고 가격은 이미 오르고 있었습니다. 그리고, 당시에 막 투자를 시작하던 제 투자 지인들도 자신이 너무 늦은 것은 아닐까 하는 조바심에 잠을 잘 수 없었습니다. 2021년 투자자들이 보면 기가 찰 노릇이겠지만 말입니다.

2020년부터 수익형 부동산을 알아보던 때에도 역시 같은 생각을 했습니다. 그동안 시세 차익형에만 몰두하다가 그제야 관심을 가지고 살펴보니, 이미 그 세계도 게임이 끝난 것 같은 느낌이었습니다. 사람들은 분양도 하기 전에 웃돈을 주고 의향서를 잡으려 혈안이 되어 있었지만, 2017년부터 들어간 사람들은 요지의 물건을 싸게 잡아 시세차익과 월세를 둘 다 누리고 있었습니다.

왜 이런 현상이 일어나는 것일까요? 그것은 우리가 각성해서 어느 시점에 뛰어들더라도 항상 그 시장에는 먼저 간 사람들이 있기 때문입니다. 그러므로, 기회를 알게 되었을 때, 그들을 보면서 항상 늦었다고 생각할 수밖에 없습니다. 내가 모르던 시장이라고 해서 남들이 몰랐던 것은 아니기 때문입니다. 하지만, 여러분과 제가 달랐던 것은 그렇게 늦었다고 생각하면서도 그 시장에 뛰어들었다는 것입니다. 하락장이 올 것 같고 금리가 뛸 것 같고 하지만 그냥 뛰어들었습니다. 늦었다는 생각을 하고 멈추거나 다른 곳을 기웃거리는 사람과 그래도 찾아보려는 사람 간의 결과가 차이난다는 것을 알았기 때문입니다.

내가 뛰어들 당시 이미 그곳에 자리를 잡고 있던 사람들을 보며 늦었다고 생각하듯이, 시간이 지난 후에 내가 머무는 시장에 새로 뛰어드는 사람들 역시 지금은 늦었다고 생각하며 내가 뛰어들었던 그 시기를 부러워할 것입니다. 그렇기에 이미 늦은 것 같은 시장에 뛰어들더라도 늦은 것이 아닙니다. 그리고, 다행인 것은 나는 과거의 가격을 모릅니다. 오래전부터 그 시장에 뛰어든 사람은 옛날 가격의 기억으로 인해 지금 가격에 절대 사지 못합니다. 하지만, 나는 그 가격에 살 수 있습니다. 옛날 가격의 기억이 없기 때문입니다. 그래서, 현재의 기회를 잡을 수 있습니다.

어차피 불안할 거라면 투자하고 불안해하는 게 낫습니다. 투자하고 불안한 것은 떨어질 것에 대한 한 가지 불안감이기에 다시 오르면 해소됩니다. 하지만, 투자하지 않고 불안한 것은 기회를 놓치는 것이 아닐까 하는 불안감까지 동반하기에 해소될 가능성이 더 낮습니다. 그러니, 지난날의 후회는 접고 용기를 가지시기 바랍니다. 아직, 기회는 열려 있습니다.

어차피 해도 고민 안 해도 고민이라면 일단 하고 고민하는 편이 낫습니다. 적어도, 기회를 놓치지는 않기 때문입니다.

내 집을 사려니 배우자가 반대합니다.

"결혼해서 참 행복했습니다. 부모 지원 한 푼 없이 서로 모은 돈 1.5억으로 결혼했습니다. 2014년 한 아파트에 전세 3억에 들어가서 만기인 2016년쯤 주인이 싸게 6억에 주겠다고 했는데 제가 대출받기 싫어서 완강히 거절했고, 아내랑 처음 부부싸움 했습니다. 그리고 결국, 전세 연장하고 나니 집값 지옥이 펼쳐졌네요.

아내와는 이미 이혼했구요. 어차피 미친 듯이 올라버려서, 떨어져 봤자 10억 오른 거 5억 떨어지면 뭐 하나 생각이 듭니다. 100% 오른 거 10~20% 잠깐 떨어지면 호들갑 떠는 세상이니까요."

인터넷에서 본 가슴 아픈 사연입니다. 선택의 순간에 부부 의견이 맞지 않았는데, 그 뒤로 부동산이 수도권과 지방을 가릴 것 없이 폭등하고, 달리는 말에 올라탄 사람과 그렇지 못한 사람 간의 격차가 벌어지면서 일어난 일입니다. 주변을 의식하고 사는 것이 우리네 삶이다 보니, 상대적 박탈감이 극대화되면서 부부간 불화와 원망이 일어나고 엉망이 돼가는 일이 심심치 않게 일어나고 있습니다.

매번 부동산 사이클이 순환될 때마다 이렇게 안타까운 현상은 반복이 됩니다. 상승장에서는 '사지 못하거나 아무 생각 없이 팔아서' 불화가 일어나고 반대로 하락장이 오면 '팔지 못하거나 아무 생각 없이 매수해서' 불화가 일어납니다. 상승장에서는 '벼락 거지'가 되어서 불화가 일어나지만, 하락장에서는 '하우스 푸어'가 되어서 불화가 일어납니다. 대부분 한 쪽은 죄인이 되고 집안은 숨도 쉬기 어려운 공기가 나돌게 됩니다. 이렇게 지금도 마음이 안 좋은 분들에게 배우자의 반대는 정반합을 위한 필요 과정이라고 말씀을 드리면 "당신, 뭐야? 불난 집에 기름 부어?"라고 핀잔을 듣거나 심한 경우 멱살이라도 잡힐 것입니다. 더더군다나, 다른 처지에 있는 제가 그런 얘기를 한다면 "당신, 지금 내 앞에서 그런 말 할 자격이 있어?"라고 문전박대를 당할 것입니다. 그런데도, 조심스럽게 이야기를 드리는 이유는 부동산 투자든 주식 투자든 투자 행위는 마약과 같은데 이에 대한 브레이크는 가장 가까운 사람만이 걸어 줄 수 있다는 것을 경험했기 때문입니다.

다른 사람 얘기할 것 없이 제 이야기하겠습니다. 저와 제 아내는 투자에 있어서는 반대의 생각을 하고 있고 지금도 그 생각을 유지하고 있습니다. 아시다시피, 저는 투자를 못해서 안달인 사람이지만 제 아내는 투자를 한 번도 해보지 않은, 심지어 대출도 한 번도 받아보지 않은 사람입니다. 투자에 관심조차 없고 적금도 들어본 적이 없습니다. 적은 돈은 못 써서 난리지만 큰돈은 무서워서 만지지도 못하는 사람입니다.

저는 주식 투자를 몇 년 전에 접었습니다. 그 이유는 제가 아내 몰래 마이너스 통장을 사용해서 주식 투자하다가 상장 폐지를 당하고 마이너스 통장이 깡통이 될 정도로 손실을 내었는데, 그 사실을 아내가 알게 되면서 심각한 상황까지 갈 뻔했기 때문입니다. 결국, 주식을 접겠다는 각서를 쓰고 가정의 평화를 되찾을 수 있었습니다. 놀라웠던 건 그렇게 각서를 쓰고 나니 10년 넘게 끊지 못하던 주식을 끊을 수가 있었고 그 뒤로도 아예 주식은 관심사에서 멀어지면서 마음의 평화를 얻게 되었다는 점입니다. 그 어떤 친구도 선배도, 그리고 인터넷 고수도 하지 못했던 주식 중독에서 벗어남을 가장 가까이에 있는 사람이 하게 만들어 주었습니다.

부동산 투자도 마찬가지였습니다. 지금까지 부동산 투자를 결정하고 실행하면서 의견의 일치를 이루어 본 적이 손에 꼽습니다. 오히려 아예 투자를 모를 때보다 그럭저럭 아는 지금, 점점 더 반대의 주장이 강해지고 있습니다. 그래서, 투자에 브레이크가 걸린 적이 해가 갈수록 늘어나고 있습니다. 저도 쉽게 물러나는 성격은 아니다 보니 어떡해서든 설득하기 위해 노력하고 있습니다. 물건지와 자금 조달에 대한 보고서를 만들어서 브리핑하기도 하고 투명하게 하려고 계좌도 오픈합니다. 이렇게 최선의 노력을 했음에도 하지 말라고 하는 투자는 하지 않습니다. 그리고 하지 말라는 건 복기하지도 않고 저도 잊어버립니다. 이미 부부의 결정을 통해 내 손을 떠났기 때문입니다. 그리고, 아쉽다고 절대 몰래 하지도 않습니다. 그건 부부간의 신뢰 문제이기 때문입니다. 물론 이 정도 얘기하면 많은 분이 이렇게 반응합니다.

"그래도, 아내가 허락할 때가 있기에 그런 것 아니냐? 우리 남편 혹은 아내는 아예 말을 못 하게 한다."

맞습니다. 세상 사람들이 다르듯이 고집이 너무 센 사람도 있습니다. 특히, 남편들이 고집부리면 아내들은 이내 포기할 때가 많습니다. 저도 같은 경험을 한 적이 있습니다. 하지만, 저와 주변의 경험상 그 고집은 단 한 번의 경험으로 깨질 때가 많았던 것 같습니다. 그것은 바로 투자를 통한 단 한 번의 작은 성공 경험입니다. 작은 성공을 보여주기 위해서는 배우자가 용인할 만한 투자금으로 시작하는 것이 좋습니다. 만약 잘못되더라도 회복할 수 있는 투자금으로 설득을 하는 것입니다. 그리고, 너무 길지 않은 시간 안에 작은 성공을 보여주면 배우자는 서서히 인정하게 되고 조금은 유연한 자세를 보여줄 것입니다. 그렇게 조금씩 배우자가 적응해 가게 할 필요가 있습니다. 그렇게 세월이 흐르면 배우자는 나의 투자 생활을 적당히 지지하기도 혹은 브레이크 걸 줄도 아는 훌륭한 파트너가 됩니다.

　투자의 기회는 또 옵니다. 지금 당장, 지난 선택이 너무 후회스럽고 언론에서는 온갖 언어로 마치 인생이 실패한 양 몰아가고 있지만 부동산 시장 사이클은 그동안 돌고 돌았습니다. 이번 장에서 기회를 잡아 의기양양한 사람들이 언제 또 쓸려갈지 모를 일입니다. 인생이 그렇게 단순하지 않습니다. 하지만, 순간의 감정으로 상처 입고 돌아선 평생의 인연은 다시 돌아오지 않습니다. 나의 반려자는 부동산처럼 또 구하면 되는 물건이 아닙니다. 오히려, 지금의 어려움을 서로 보듬어주고 이겨내면 다음 사이클이 돌아오고 기회가 왔을 때 훌륭한 파트너가 될 수 있습니다.

　주변의 투자자들은 장이 좋을 때는 나의 동반자같이 느껴지고 죽이 잘 맞는 거 같지만 가족이 아닙니다. 투자는 결국 혼자 하는 것이고 외롭습니다. 그 외로운 길에 밉든 곱든 배우자라도 있어야 의지할 수 있지 않을까 합니다. 돈은 또 벌면 됩니다.

제 인생이 부정당한 것 같습니다.
어떻게 해야 할까요?

"눈알이 튀어나올 정도로 심하게 한대 얻어맞고 경제, 재테크에 눈뜨기 시작하였습니다. 그전까지 학교 졸업 후 일만 죽으라 열심히 하였으나, 결과는 회사 좋은 일만 시키고 나 자신에게는 노후대책도 집도 아무것도 남은 게 없었다는 것을 알게 되었습니다.

사실은 살면서 중간에 한 번씩 투자나 재테크를 하고 싶은 적이 몇 번 있었으나, 일이 너무 힘들다 보니 그에 대한 보상으로 취미생활 등에 시간을 많이 할애하며 보내왔습니다. 그래도, 안정적인 직업 덕분에 이만하면 괜찮은 인생이야라고 여기며 살아왔습니다. 하지만, 재테크에 눈을 뜨고 옆에 있던 동료가 투자로 부자가 되었다는 이야기를 듣게 되니, 그동안 괜찮다고 여긴 제 인생이 부정당한 것 같아 괴롭습니다.

지금이라도 만회하고자, 모임, 술 담배 다 끊고 주식, 부동산, 경제 공부 등에 하루 2~3시간씩 매진하고 있습니다만 너무 늦은 것 같습니다. 현실 타격이 온 제 인생, 어떻게 해야 할까요?"

이번 사연을 주신 분은 20년 동안 다른 투자 활동 없이 열심히 일하시다가 어느 날 뒤를 돌아보신 분입니다. 그동안, 회사일이 바쁘고 힘들다 보니 그에 대한 보상으로 취미생활을 하며 충실히 살아왔는데 뒤돌아보니 아무런 노후대책도, 집도 남은 것이 없었다고 하면서 경제, 재테크에 눈을 뜨게 되었다고 하였습니다. 하지만, 그와 동시에 그동안 살아왔던 자기 삶이 부정당한 것 같은 느낌이 든다고 괴로운 마음을 토로하였습니다. 그리고, 얼마든지 본인에 대해 꾸짖어도 마음의 준비가 되어 있으니 앞으로의 투자 방향이나 마음가짐, 생활 방식 등에 대해 조언을 바란다는 말씀을 하였습니다.

이러한 사연을 읽고 고민이 되었습니다. 자기 삶이 부정당한 느낌이 어떤 것인지 저는 반대의 경험을 통해 가지고 있기 때문입니다. 그러다 보니, 제가 어쭙잖게 조언할 처지가 아니라는 생각에 어떻게 시작해야 할지 한참을 서성였습니다.

저는 이 분과 반대의 길을 걸었습니다. 졸업하고 나서 첫 회사에 들어가서 1년 만에 마주친 것이 구조조정이었습니다. 비록 당시 신입이었던 제가 구조조정을 당한 것은 아니었지만 당시 사업부를 책임지는 사업부장이 낙마하면서 그 줄을 타고 있던 과장급까지 줄줄이 물갈이되는 모습을 보게 되었습니다. 그 경험은 제 직장 인생에 큰 충격을 주었고 그 뒤로 직장에 몰방하지 않고 일찌감치 재테크에 눈을 뜬 계기가 되었습니다. 더불어, 믿을 것은 내 몸값이라는 생각에 총 7번에 달하는 이직을 하게 된 계기도 되었습니다. 하지만, 그렇게 직장 생활의 처음을 시작하다 보니, 인생의 재미를 모르는 채 돈에 열중했었습니다. 부동산 투자이든 주식 투자이든 지금보다 나은 삶을 살기 위해 하는 것인데 오히려 투자한답시고 자신과 가족의 삶을 돌보지 않아 생활은 예전만 못한 사람이 되었었습니다. 그러다 결국, 사건이 일어났습니다.

30대 초반부터 있는 돈 없는 돈 끌어다가 부동산과 주식 투자를 했습니다. 그러다가, 금융 위기의 하락장을 맞으며 부동산은 반 토막이 나고 주식은 두 번의 상장 폐지를 당해서 500원 동전 하나 남기고 전부 날려 먹고 나니 너무 괴로웠습니다. 잃은 돈도 괴로웠지만, 미래를 저당 잡고 현재의 삶을 희생하면서 투자했던 제 인생이 부정당한 것 같았습니다. 먹고 싶은 거 못 먹고 하고 싶은 거 못하게 한 가족들에게 미안해서 몇 년이 힘들었습니다. 잃고 나니, 가족의 삶을 나아지게 하겠다는 허울 좋은 명분으로 내 욕심 속에서 허우적거렸다는 사실을 깨달았습니다. 그 이후로 부동산 투자로 재기하고 나서는, 저는 절대 모든 돈을 전부 투자하지 않습니다. 오히려 전보다 더 쓰고 제 취미생활도 열심히 하고 가족을 위해 아끼지 않습니다. 다시 후회하지 않기 위해서입니다.

　반대의 길에서 인생을 부정당했던 당시의 제가 사연자님을 곁에서 바라보았다면 매우 부러웠을 것 같습니다. 그래서, 사연을 주신 분이 지금까지 살아오신 삶은 충분히 값진 것이었다고 생각합니다. 단지 재테크만 하지 않았을 뿐, 열심히 회사 다니시면서 자제분도 다 키우셨고 여러 가지 취미 활동하시면서 충만하고 행복한 삶을 사셨을 것이라 봅니다. 그러니, 지금까지의 삶을 부정할 이유가 없습니다. 오히려, 앞으로도 부동산 투자를 병행하더라도 가족의 삶을 희생하지 않으셨으면 합니다. 투자는 행복해지자고 하는 것입니다. 돈과 투자에 빠지면 한도 끝도 없습니다. 인생의 재미를 모르는 채 돈만 모으고 자산만 불리는 인생은 불행합니다.

　다른 이야기이지만 간혹 무주택자분들 중에서 살고 싶었던 아파트를 분양받은 후 세를 놓고 추가 투자를 이어갈지 문의하시는 분이 있습니다. 그런 분들에게도 먼저 드리는 말씀은 추가 투자도 좋지만 분양받은 아파트는 들어가 사시면서 충분히 새집을 즐기셨으면 하는 조언입니다. 첫 집은 의미가 깊습니다. 내 힘으로 재산을 일구었다는 뿌듯함도 있고 가족을 위해 보금자리를 만들었다는 안도감이 있습니다. 남의 집이 아닌 내 집에서 내 맘대로 산다는 즐거움이 있습니다. 무엇보다 살아보면 무엇이 좋은 집인지 선구안이 생깁니다.

　그렇게 살고 누리다 보면 사이클은 다시 돌아오고 갈아탈 수 있는 나만의 시기가 옵니다. 그렇게 해서 내 집을 완성하고 나서 본격적인 투자를 시작해도 늦지 않습니다. 내 집 마련 후에 몰입해서 성공 방정식을 찾으면 3~4년 만에도 자산을 불릴 수 있습니다. 하지만, 돈을 다루는 그릇이 약한 상태에서 빠르게 성공하고 싶은 욕심이 넘치면 과거의 저처럼 큰 파도가 왔을 때 인생이 부정당하는 충격을 받을 수 있습니다.

여기 계신 모든 분은 투자와 행복한 삶을 동시에 추구하기 위해 오신 분들입니다. 꼭 둘 다 성공해서 건강한 부자가 되기를 진심으로 응원하겠습니다.

2. 부동산 하락장, 내 집 마련은 어떻게 해야 할까요?

지금 시기에 무주택자 내 집 마련은 어떻게 해야 할까요?

"안녕하세요. 저는 현재 무주택자입니다. 두 아이를 데리고 틈틈이 부동산 공부 중입니다. 너무 올라버린 집값에 한숨만 나오고 지금 뛰어드는 게 맞는지는 확신이 안 서지만 인플레이션으로 떨어지는 화폐가치를 생각하면 뭐라도 사야 할 것 같아요. 첫 집을 살 때 어느 정도 감당할 수 있는 집을 사야 할지, 무리해서라도 사는 게 맞는지 궁금해요.

지금 시기, 무주택자의 내 집 마련은 어떻게 해야 할까요?"

이번 사연의 주제는 바로 "지금 시기, 무주택자는 어떻게 내집을 마련해야 하는 것인가요?"입니다. 아마, 이 사연을 읽으신 분들은 "고민할 게 있나요? 무주택자라면 무엇이라도 1채는 사는 거죠."라고 생각하셨을지도 모르겠습니다. 그만큼 무주택자가 집을 사야 하는가에 대한 이슈는 부동산 시장에서 끊임없이 제기된 오래된 주제이자 당연하게 치부되온 주제이기도 합니다.

그런데도 내 집 마련 주제를 다시 가져온 것은 무조건 1채는 있어야 한다는 말을 잘못 해석하여, 내가 무슨 집이 필요한지를 고려하지 않고 돈이 된다는 생각에 무슨 집이라도 1채는 사놔야 한다는 것으로 오해하면 안 되기 때문입니다. 그래서, 이번 시간에는 과거 금융위기 장에서 같은 고민을 했던 제 경험에 비추어 무주택자분들에게 무엇을 어떻게 해야 하는지에 대한 말씀을 드리고자 합니다.

당시 제가 30대 초반 무주택자였던 2006년은 주식이면 주식, 부동산이면 부동산 할 것 없이 불장이던 시절이었습니다. 사람들은 아침에 출근하면 주식 거래 프로그램부터 켰고 모이기만 하면 주식 이야기와 부동산 이야기가 꽃피우던 시절이었습니다. 특히, 2기 신도시 청약이 시작되면서 뜨거운 열기에 기름을 부었는데 그중에서도 당시 버블 세븐 중 하나였던 분당과 인접해서 계획된 판교 신도시는 청약 신청하려는 사람들로 난리였습니다. 당시 미혼에다가 청약 저축 가입 기간도 적다 보니 청약 후 광속 탈락하긴 하였지만, 3월부터 시작된 2기 판교 신도시의 어마어마한 청약 열기를 경험하고 나니 지금 무주택자분들이 느끼는 것처럼 "무엇이라도 사놔야 할 것 같은"

두려움과 불안이 엄습하였습니다. 2006년 3월 이후로도 몇 번의 2기 신도시 추가 청약 모집에 청약했다가 떨어지면서 그 두려움은 점점 더 커졌습니다.

게다가, 2006년까지만 해도 주택 시장이 과열이니 떨어질 것이라고 외쳤던 당시의 전문가들조차 2007년 들어서서도 떨어질 기미가 보이지 않자 다들 대세 상승으로 돌아섰습니다. 그러한 그들의 기사를 접하고 당시 강남분들이 자녀들의 미래 집을 성남 재개발에 마련해 주던 것을 보아 온 것도 있고 해서 저도 사업시행인가를 앞두고 있던 곳에 회사 대출과 결혼 자금을 영혼까지 끌어다 첫 투자를 감행하였습니다. 당시에는 그게 꼭지였다는 생각은 전혀 할 수가 없었습니다. 지난 IMF 시절은 군대에 있었기 때문에 어머니를 통해서만 그 일화를 접하였을 뿐 실제 경험은 2007년이 처음이었기 때문입니다. 리먼 브러더스가 망했다는 소식을 들은 날도 별 감흥이 없었습니다. 오히려, 덕분에 무이자 혜택받고 새 차를 사게 되었다고 즐거워했었습니다. 나중에 몇 개월 지나고 주식이 반토막이 나고 나서야 실감하게 되었습니다.

여하튼, 그렇게 해서 산 첫 집은 저에게 몇 가지 교훈을 줬습니다. 첫 번째는 살 생각이 없는 집을 사다 보니, 영혼까지 끌어다 투자한 돈이 묶인 상태에서 살 집을 추가로 구하는 데 상당한 어려움이 생기더라는 것입니다. 두 번째는 가격도 하락하고 살지도 않는 집을 가진 상태에서 다른 집의 임차를 살다 보니 가지고 있는 집이 마치 계륵같이 느껴졌었습니다. 세 번째는 그런데도, 작은 대출로 비교적 신축

재개발 빌라를 사다 보니 하락장을 끝까지 버텨서 회복된 가격에 팔고 상승장 초기에 갈아탈 수 있었습니다.

제 경험을 먼저 말씀드린 이유가 저처럼 고점에서 사면 오랫동안 물리니 막 꺾여가는 이 시기에 무주택자들이 집을 사는 것은 시기상조라고 말하려는 것은 아닙니다. 내 집은 마련하는 것은 중요하고 자산가로 나아가는 첫걸음이기 때문에 자금적으로 준비가 되어 있고 기회가 있다면 실행해야 한다고 생각합니다. 다만, 무엇을 어떻게 살 것인가는 지금 시점에서는 좀 더 신중히 생각해 볼 필요가 있습니다.

● 내가 살 수 있는 집을 사자

지금 집을 사신다면 저는 내가 들어가 살 수 있는 집을 사라고 추천하고 싶습니다. 예를 들어 재개발을 사더라도 이왕이면 관리처분인가를 받아서 착공이 확실해진 입주권을 사거나 아무리 못해도 사업시행인가가 난 곳을 사는 것을 추천합니다. 갭투자를 하더라도 1~2년 이내 들어가 살 집을 구하는 것을 추천합니다. 그래서, 이른 시일 내에 집에 들어가도록 해야 합니다.

내가 살고 싶은 곳에서 살면서 시장 사이클을 이겨내는 것과 살 수 없는 집을 부둥켜안고 다른 곳에서 전세 혹은 월세로 살면서 시장 사이클을 이겨내는 것은 전혀 다른 체감 난도가 있습니다. 내가 들어가 살면서 인프라를 누리면 설령 가격이 하락했다고 해도 삶을 즐기면서 견뎌낼 수 있습니다. 하지만, 그렇지 않은 집은 하락장을 거치는 동안 계륵같이 느껴집니다.

● 감당할 수 있는 집이 지금은 중요하다.

많은 전문가가 첫 집은 무리를 해서라도 좋은 것을 잡으라고 말합니다. 하지만, 지금도 과연 그것이 맞는지는 고민해 봐야 합니다. 예를 들어, 대출 규제가 까다롭지 않은 때에는 전세금을 빼서 월세로 가면서 그 갭으로 주택을 매수한 후 전세 퇴거 자금을 받던지 대출받던지 해서 세입자를 내보내고 들어가 사는 것이 가능했습니다. 하지만, DSR 강화로 신용과 담보 대출 한도가 막혀가고 대출 금리가 천정부지로 올라가는 지금은 앞서 말씀드린 식의 주택 매수가 합당한 것인지는 의문이 듭니다.

첫 집으로 그동안 상승장에 올라타지 못한 것을 한 번에 보상받고 싶은 마음은 충분히 이해하지만, 지금은 재정적 위험을 감내하고 모험을 걸기에는 시기가 지난 것 같습니다. 그렇다고, 집을 사려는 계획을 포기할 필요는 없습니다. 대신, 한 번에 내 집을 완성하겠다는 생각보다는 지금은 감당할 수 있는 집을 사서 살면서 버틴다는 생각으로 적당한 집을 구한 다음, 다음 상승장이 오면 그것을 밑천 삼아 승부를 걸겠다는 생각이 필요합니다. 저 역시, 2011년에 첫 실거주 집을 살때는 여전히 대출 금리는 5% 중반으로 높았고 당시 정부는 부채증가를 우려해 풀었던 DTI 규제를 다시 강화하였었습니다. 그래서, 자금 부족으로 원하던 30평대 집으로 실거주 집을 사지 못하였고 20평대로 일단 샀었습니다. 그리고, 2014년 박근혜 정부에서 금리와 대출 규제가 완화되면서 원하는 지역과 평수로 갈아타기를 하였습니다. 혹자는 이렇게 물어볼 수 있습니다.

"두 번에 갈거였으면 차라리 사지 말고 기다렸다가 2014년 한 번에 사면 되는 거 아니었나요?"

얼핏 생각하면 타당해 보이는 질문입니다. 하지만, 실제로는 그렇지 않습니다. 2011년에 살 수 있었던 돈이 2014년에도 그대로 있었을 것이라고 생각하지 않기 때문입니다. 당시 샀던 20평대 아파트가 돈이 새는 것을 막아주는 그릇이 되었기 때문에 30평대로 넘어갈 수 있었다고 생각합니다.

● **내가 사는 시점은 언제나 최고가이다.**

"내가 산 것이 혹시 최고가일까 봐 겁이 난다."라는 분들이 많습니다. 제가 2007년 첫 주택 투자할 때는 꼭지였습니다. 2009년부터 떨어졌기 때문입니다. 근데 2011년에 집을 살 때도 그때가 꼭지였습니다. 쇠퇴장이다 보니 내가 산 가격보다 더 낮은 가격에 매물이 나왔기 때문입니다. 제가 2014년 살 때도 그때가 꼭지였습니다. 바닥장이다 보니 절망한 매도자의 매물이 계속 나왔기 때문입니다. 다시 상승장으로 바뀐 2016년 이후에도 살 때마다 꼭지 아니냐는 소리를 계속 들었습니다. 당시에는 꼭지라고 생각했습니다. 그 뒤로 1년 정도 지나고 나서 되돌아보니, 꼭지가 아닌 것을 알게 되었습니다.

마찬가지로 여러분이 사려는 집이 꼭지일 수도 있고 아닐 수도 있습니다. 누구도 알 수 없습니다. 그래서, 살 때마다 "내가 꼭지에 사면 어떡하지?" 하고 불안해 할 것입니다. 그러니, 꼭지인지 아닌지 몰라 불안하다면 그냥 꼭지에 산다고 생각하면 됩니다. 꼭지에서 샀다고 생각하면 어느 정도 하락한다는 전제를 깔 수 있으므로 마음의 준비를 하거나 대비를 할 수 있습니다. 행여나, 오르면 꼭지가 아니었네 하고 위안으로 삼을 수도 있습니다. 중요한 것은 불안해할 이유가 없어진다는 것입니다. 내가 산 것이 꼭지라고 생각하면 이것이 오를지에 집착하기보다는 내 가족이 살기에 좋은 곳인지를 볼 수 있게 됩니다. 더 오를지에 집착하다가 안 오르면 그 집이 꼴도 보기 싫어집니다. 하지만, 꼭지라고 생각하고 살기 좋은 곳을 고르면 실망할 것이 없습니다. 그러다 오르면 덤으로 좋습니다.

지금까지 무주택자분들에게 이 시점에서 어떻게 내 집 마련 계획을 세워야 하는지 말씀드렸습니다. 결정이 갈수록 어려워지는 시기입니다. 내 집을 마련하시려는 분들에게 조금이나마 도움이 되었기를 바랍니다.

생애 주기를 따르는 것이
내 집 마련에 동기 부여가
될 수 있을까요?

"최근까지 아이를 가질 생각을 하지 않다가 뒤늦게 임신을 준비하고 있습니다. 부동산 공부하면서 부동산으로 성공한 유튜버나 블로거들을 보니 아이 있는 집이 많더라고요. 육아만으로도 지칠 텐데 성공하신 것이 대단하지만, 한편으로 아이가 없다면 훨씬 더 공격적으로 할 수 있지 않을까? 라는 생각도 듭니다.

그분들은 아이 때문에 더 간절하게 부자가 되고 싶다는 동기 부여를 받은 걸까요?"

이번 주제는 자녀와 투자 동기 부여에 대한 이야기입니다. 사연의 주인공은 자녀 없이 부부끼리 사는 것을 추구하였던 분입니다. 배우자와 연애할 당시에는 여러 가지 사회적인 이유로 배우자와 즐겁게 사는 것이 낫다고 생각하였지만, 결혼하고 실제로 그렇게 살고 보니 아이를 가지고 싶다고 생각하신 것 같습니다. 그런데도, 여전히 아이를 낳아서 잘 키울 수 있을까? 내가 경제적 뒷받침해 줄 수 있을까 하는 걱정도 한편에 있습니다. 그런 와중에 부동산 투자 인플루언서들 중 육아와 병행하는 분들이 있다는 것을 발견하고 이것이 투자와 연관성이 있는지 물어보셨습니다.

● 아이는 생애 주기 투자의 동기 부여가 될 수 있다.

아이와 부동산 투자의 연관 관계는 쉽게 말하기는 어려운 것 같습니다. 아이가 있다고 더 치열하게 삶을 산다고 볼 수도 없고 아이가 없다고 훨씬 더 투자를 공격적으로 한다고 보기도 어렵습니다. 투자는 개인의 성향이고 개인사와 관계없이 누구나 부자가 되고 싶은 생각은 같다고 봅니다. 자산이 주는 안정감과 여유는 자본주의를 살아가는 사람이라면 가지고 싶은 욕망입니다.

개인적으로는 한 아이의 부모가 되어 보니 아이에게 나보다 나은 삶을 주고 싶다고 생각하게 되는 것 같습니다. 그것이 교육이 되든 자산이 되든 내가 겪은 어려움이나 고생을 아이는 하지 않기를 바라는 것은 모든 부모의 마음이니까요. 하지만, 현실은 빡빡합니다. 둘이 있을 때는 쓸 돈이 충분했던 것 같은데 아이가 생기면 모든 것이 부족해집니다. 하지만, 월급은 뻔하니 무엇인가 돌파구를 찾으려고 노력하게 되고 이것이 자연스럽게 부업이나 투자 활동의 동기가 되는 것 같습니다.

다만, 부동산 투자의 동기 부여를 만들기 위해 아이를 낳겠다는 것은 순서가 잘못됐다고 봅니다. 아이를 낳고 기르면서 생애 주기에 맞춰 집에 관한 생각이 바뀌고 투자 동기가 부여되는 것이 자연스럽습니다. 생애 주기에 맞춰 가족과 아이의 더 나은 삶을 동기 삼아 실거주 집을 옮겨가고 나아가 부동산 투자를 하는 것은 투자에 대한 만족감을 높이고 시간을 버틸 수 있게 하는 원동력이 됩니다.

많은 분이 부동산 투자 혹은 내 집 마련을 하면서 "지금 집을 사면 오를까요? 내릴까요?"를 먼저 생각합니다. 하지만, 사이클이라는 것은 지나고 보니 아는 경우가 대부분입니다. 당장, 지금만 하더라도 금방이라도 부동산 시장이 폭락할 것처럼 호들갑을 떨지만 아무도 당장 3개월 후에 어떻게 시장이 될지 장담하지 못합니다. 지금 떨어질까 봐 못 샀는데 3개월 후 더 떨어지면 그때는 더 사지 못합니다. 반대로 지금 떨어질까 봐 못 샀는데 3개월 후에 오르면 3개월 전 가격이 생각나서 사지를 못하게 됩니다.

그래서, 부동산 투자의 초심자, 특히 내 집 마련과 갈아타기를 하려는 사람일수록 사이클보다는 생애 주기에 집중할 필요가 있습니다. 이는, 사이클보다 더 강력한 동기 부여이기 때문에 실행력을 높입니다. 또한, 학업이든 인프라이든 대부분 상급지 실거주를 목적으로 하므로, 설령 하락이 오더라도 살다 보면 다시 상승장을 맞는 사이클을 이기는 투자가 됩니다. 아이를 가지는 것은 그러한 생애 주기 투자에서 중요한 한 축이 됩니다. 다 나은 교육 환경을 가진 곳이 대부분 지금 사는 곳보다는 상급지일 확률이 높으므로 육아에서 동기 부여된 생애 주기 투자는 실패보다는 성공 확률이 높습니다.

지금까지 아이와 투자의 상관관계에 대해 말씀드렸습니다. 투자를 떠나서 아이를 갖는 것은 그 자체로 축복이고 즐거운 인생 여정의 또 다른 시작이라고 생각합니다. 결혼과 출산을 고민하시는 독자분에게 작은 도움이 되었기를 바랍니다.

집을 정하기가 너무 힘듭니다.
저 결정장애인가요?

"지나고 나서야 든 생각이지만, 그때 왜 해보지 않았을까, 하고 나서 후회되더라도 미련 남지 않게 해볼걸.... 이라는 생각이 들더라고요. 물론, 그간의 결정들은 제 선택들로 이어져 갔지만, 다른 곳으로 더 높은 곳으로 가기에는 한계가 있더라고요. 인생의 가장 큰 쇼핑이라는 내 집 마련에 있어서 선택을 잘하고자 싶은 마음이 크다 보니 결정하기가 너무 어렵습니다.

저의 이 결정장애, 어떻게 하면 극복할 수 있을까요?"

이번 사연의 주인공은 실거주 집을 마련하려는 분입니다.

실거주 집을 마련하기로 결심하고 나서 몇 군데 후보 지역을 선정한 후 임장을 다니고 중개소 방문해서 매수 의뢰하였습니다. 하지만, 집을 보러 다니고 중개소의 매물 소개가 이어질수록 머릿속이 복잡해지면서 결정하기가 어려워졌습니다. 각 지역의 장단점이 다르고 지역에서 본 아파트의 장단점이 다른데, 내가 원하는 조건을 다 맞춰주는 곳이 없다 보니 순번을 정하기가 어려워졌습니다. 급매 제의가 들어왔지만, 계약했다가 더 좋은 매물이 나올 것 같아 망설였습니다. 실거주가 맘에 드는 곳은 투자 가치가 떨어지지 않을까 하는 생각에 또 망설이게 되었습니다. 그렇게 망설이면서 가격도 좋고 살기도 좋고 투자 가치도 좋은 곳을 찾아보려고 지역을 계속 넓히다 보니 결정장애가 아닌가 하는 생각까지 들게 되었습니다.

이에 이번 시간에는, 부동산 투자에서 결정장애가 생겼을 때 어떻게 실타래를 풀어야 할지 생각해 보는 시간을 가져보도록 하겠습니다.

● **현대사회를 사는 이는 누구나 크고 작은 결정장애가 있다.**

결정장애란, 행동이나 태도를 정할 때 망설이고 결정하지 못하는 심리 상태를 말하는 것입니다. 흔히, 두 가지 이상의 선택지에서 오랫동안 고민하며 결정하지 못하다가 결정을 포기하거나 다른 이에게 결정을 맡겨버리는 현상으로, 현대사회를 사는 사람이라면 누구나 가질 수 있는 혹은 가지고 있는 습성입니다. 현대사회에서 이러한 결정장애가 일어나는 이유는, 선택지가 너무 많다 보니 다른 것을 포기하고 한 가지를 결정하기가 부담스럽기 때문입니다. 예를 들어, 밖에서 점심을 먹기로 하고 메뉴를 고를 때 사람들이 서로에게 습관적으로 하는 말이 있습니다.

"그냥, 네가 먹고 싶은 거 정해. 아냐, 네가 가자는 데로 따라갈게."

이러한 말은 표면적으로는 상대방의 의사를 배려하는 것처럼 보이지만, 실은 나에게 결정권이 오는 것이 부담스러운 내면이 깔려 있습니다. 나에게 결정권이 오는 것이 부담스러운 이유는 두 가지입니다.

첫 번째는, 나도 점심 메뉴로 무엇을 고를지 잘 모르겠는 것이고 두 번째는 내가 고른 메뉴를 상대방이 맘에 들어 하지 않을 때의 책임감을 지고 싶지 않기 때문입니다. 그 결과, 상대방과 나 둘 다 가벼운 결정장애가 생기면서 미루다가 적절한 선에서 타협해서 부담감을 나누고 밥을 먹으러 갑니다. 이러한 결정장애 현상은 조직 사회에서도 확대되어서 나타납니다. 대표적인 것이, 의사 결정을 내려주지 않는 직장 상사입니다. 어떤 일을 결정하기 위해, 부하 직원에게 수많은 보고서를 요청하고 수없이 많은 회의를 하지만 결정하지 않습니다. 그렇다 보니, 일해야 하는 실무자들은 그 의중을 파악하는데 불필요한 에너지를 쏟습니다. 그리고, "이런 뜻일 거야." 하고 실무자들이 어렵게 일을 추진해 가는 것을 유심히 보고 있다가, 잘 될 것 같으면 "이게, 내가 생각했던 방향이야."라고 숟가락을 얹습니다. 반대로, 안 될 것 같으면 "언제, 내가 이렇게 하라고 했냐."라고 책임 회피를 하는 식으로 넘어갑니다.

이러한 상급자의 내면 역시 자신의 결정으로 인해 생기는 책임을 지고 싶지 않아서 그렇습니다. 그 결정의 파급효과가 클수록 책임에 대한 두려움이 커지다 보니, 결국 결정을 안 해버리는 식으로 일을 처리하는 것입니다.

● 부동산 투자 결정은 심사숙고해야 하는 것이 정상이다.

최선의 결정을 하고 싶어 하는 것이 사람의 본능입니다. 그래서 가벼운 일에도 결정장애들이 생기는 것인데, 인생 최대의 쇼핑 행위인 부동산 투자에서 결정장애가 일어나는 것은 어찌 보면 당연한 일입니다. 특히, 내 집 마련에서만큼은 심사숙고할 수밖에 없습니다. 내 전 재산에 더해 은행 돈까지 끌어다가 하는 쇼핑이기 때문입니다. 오히려, 부동산 투자를 제대로 알아보지도 않고 남의 말을 따라 쉽게 쉽게 투자하는 것이 비상식적인 행동입니다. 하지만, 아이러니하게도 사람들은 부동산 투자를 그렇게 쉽게 하는 사람들을 부러워합니다. 자신은 과정 하나하나마다 심사숙고하다가 기회를 놓치는 반면, 그 사람들은 빠르게 결정해서 기회를 잡는다고 생각하기 때문입니다.

저는 반대로 생각합니다. 남의 말을 따라 쉽게 쉽게 돈을 넣는 사람들은 오히려 결정장애를 겪는 사람들입니다. 자신이 결정의 주체가 되는 것이 두려워 남에게 결정을 맡겨버린 것이기 때문입니다. 그리고 위에서 언급한 결정장애 직장 상사처럼 잘되면 자기 탓이고 안 되면 남 탓을 합니다. 이것은 자기 돈에 대해서 책임을 지지 않는 행태일 뿐 시원시원하게 결정하는 것도, 투자를 잘하는 것도 아닙니다. 그러므로, 내 집 마련 혹은 부동산 투자를 하는 데 있어서 매 순간순간의 결정장애를 느끼는 것은 지극히 당연한 현상이고 자신의 투자를 해 나가는 과정입니다. 그 결정을 하고 결과에 책임을 지는 경험이 늘어나야 기준이 생기고 점차 결정에 속도가 붙게 됩니다. 속도감 있게 결정해도 그 결과에 대한 책임을 질 수 있다는 자신감과 마음의 여유가 생기기 때문입니다.

문제는, 최고의 선택을 하고 싶은 첫 집, 혹은 첫 부동산 투자가 하필이면 내가 전혀 경험이 없어서 최악의 결정장애를 겪는 시기에 이루어진다는 점입니다. 이러한 이상과 현실의 괴리를 줄이기 위해서 결정장애를 줄이기 위한 몇 가지 마인드 학습이 필요합니다. 그 학습법은 다음과 같습니다.

● 결정 장애를 줄이기 위한 마음 학습법

1) 편차가 작은 선택지로 가짓수를 줄인다.

결정장애의 이유 중의 하나는 선택지가 많거나 계속 늘려서입니다. 이럴 때 필요한 것은 선택 사항 자체를 줄이는 것입니다. 무엇인가 줄인다는 것은 인간의 본능에 거슬리는 일이지만 다행히 우리는 그동안 수많은 객관식 시험을 통해서 선택지를 줄이는 것을 훈련해 왔습니다. 선택지를 줄이는 방법은 가장 맘에 안 드는 것부터 지우는 것입니다. 그렇게 지우다 보면, 편차가 작은 선택지로 가짓수가 줄게 됩니다.

2) 점수화한다.

사람은 눈으로 시각화할 때 판단 능력이 좋아집니다. 백문이 불여일견입니다. 만약, 이 선택은 이것 때문에 포기할 수 없고, 저 선택은 저것 때문에 미련이 생겨 지울 수 없다면, 각 기준을 점수화해서 선택지를 객관화시킬 필요가 있습니다. 장수 돌침대가 왜 별 다섯 개를 강조하는지 생각해 보면 이해가 될 것입니다.

3) 양자택일형이라면 하는 것이 정답이다.

내 집 마련이나 투자 혹은 사업 자체를 할지 말지 고민하는 양자택일형도 있습니다. 하자니 겁나고 안 하자니 아쉽습니다. 이렇게 해도 후회, 안 해도 후회라면 무조건 정답은 하고 후회하는 것입니다. 하는 만큼 보이는 법입니다.

4) 시간을 정해 놓고 집중하자.

최고의 선택은 고민하는 시간에 비례하지 않습니다. 장고 끝에 악수라는 말이 있습니다. 고민을 무한 반복하지 않으려면 적절한 시간 제한이 필요합니다. 어떤 것에도 방해받지 않고 결정에만 집중할 수 있는 시간을 15분이든 30분이든 스스로 정하는 것도 방법입니다. 장소를 바꿔보는 것도 좋습니다. 스마트폰을 끄고 산책로를 빙빙 돌면서 생각에 집중하는 것입니다. 때로는, 땀을 흘리면 머리가 맑아지기도 합니다.

5) 결정에 대한 부담을 나눌 사람을 찾는 것도 방법이다.

결정에 대한 부담감과 책임감이 두려운 경우에는, 부담을 나눌 사람을 찾는 것도 방법입니다. 점심 메뉴 결정이 쉬운 이유는, 부담이 크지 않아서이기도 하지만 메뉴는 네가 정하면 장소는 내가 정할게 라는 식으로 결정 부담을 나눌 상대방이 있어서이기도 합니다. 마찬가지로, 부동산 투자에서도 부담을 나눌 사람이 있다면 결정이 한결 가벼워질 수 있습니다. 가장 가까운 파트너인 배우자이나 가족이 대표적입니다. 따지고 보면, 가족은 나와 공동 투자 대상인데 많은 사람이 가족을 건너뛰고 엉뚱한 사람과 투자를 상의해서 결정합니다.

물론, 많은 경우 가족은 남의 편이라 답답할 수 있겠지만, 그래서 나에게 제동을 걸어 현명한 선택을 하게 할 수도 있습니다. 혹은, 내가 못 하는 결정을 쉽게 내려줄 수도 있습니다. 모든 건 정반합입니다.

● **가장 최악의 결정은 아무것도 선택하지 않는 것이다.**

장고 끝에 악수라는 말이 있지만, 저는 가장 최악의 결정은 아무것도 선택하지 않는 것으로 생각합니다. 아무것도 선택하지 않으면 아무 일도 일어나지 않지만, 후회가 쌓여갑니다. 그리고, 그 후회는 "우물쭈물하다가 내 이럴 줄 알았지." "난 뭘 해도 안 돼!" "나에겐 제대로 결정할 능력이 없어."라는 체념·무기력함·포기·두려움을 만들고 결국 나의 자존감을 갉아먹습니다.

완벽한 선택은 없습니다. 당시에는 제일 나은 선택을 한 것 같아도 상황이 바뀌면 최선이 아닌 것이 될 수 있기 때문입니다. 그러니, 그나마 가장 나아 보이는 선택을 일단 저질러 보고 준비해도 늦지 않습니다. 저지르고 나면, 상황이 나를 이끌게 됩니다. 그렇게 선택을 따라 정신없이 가다 보면, 인생은 또 한 뼘 자라나게 됩니다. 오늘도 결정하지 못해 고심하는 분들에게 작은 도움이 되셨으면 좋겠습니다.

급매를 잡는 방법이 궁금해요.

"요즘 급매물이 많이 나온다고 해서, 이 시기를 이용해서 내 집 마련을 하려고 여기저기 관심 지역을 다니고 있습니다. 중개소도 여러 군데 다니면서 급매 나오면 알려달라고 했어요. 그 뒤로, 몇 군데 급매라고 문자를 보내주고 있습니다. 그런데, 투자 경험이 없어서 그런지, 급매라고 나와도 이게 진짜 급매인지 알 수가 없더군요. 괜히, 덜컥 샀다가 더 떨어지면 어떻게 하나 싶기도 하고요.

급매, 어떻게 알아보고 잡을 수 있을까요?"

이번 고민의 내용은 급매에 대한 것입니다. 최근, 실거주를 알아보시는 한 분께서 급매를 잡고 싶은데 어떻게 접근해야 할지 모르겠다는 말씀을 주셨습니다. 이에, 급매를 잡는 방법에 대해서 말씀드리고자 합니다.

● **급매는 마음이 급한 매물이다.**

급매를 잡으려면 급매의 정의부터 알아야 합니다. 급매는 말 그대로 급매는 매도자가 뜻하지 않은 사정으로 급하게 내놓는 물건을 가리킵니다. 이 명제에는 핵심이 있습니다. 바로, 급하다는 감정이 들어갔다는 것입니다. 무엇인가 일을 급하게 처리한다는 것은 일정에 쫓긴다는 말입니다. 그렇다면, 급매를 잡는다는 말은 일정에 쫓긴 매물을 잡는다는 말입니다. 여기서부터 급매를 잡는 모든 방법이 파생됩니다.

● **급매 가격은 상대적으로 마음이 급해서 나온 가격이다.**

급매를 잡아보지 않은 사람들이 가지는 환상이 하나 있습니다. 바로 '급매 = 헐값 = 절대적인 최저가'이어야 한다는 생각입니다. 절대적인 최저가라는 것은 내가 사는 가격이 이 단지에서는 도저히 나올 수 없는 헐값이어야 된다는 생각으로 연결됩니다.

문제는, 내가 오늘 사는 가격이 가장 싼 시기는 급매가 나오지 않는 상승장이라는 사실입니다. 하지만, 급매는 오늘 사는 가격이 가장 비싼 하락장에서 나옵니다. 그러므로, 지금, 이 순간 내가 사는 가격이 최저가인 급매라 하더라도 내일이 그 가격보다 더 싼 매물이 나오면 내가 산 가격은 더 이상 급매가 되지 않습니다. 그러므로, 급매의 기준을 그 단지에서 도저히 나올 수 없는 헐값으로 잡으면 아무리 싸게 사도 손해 보는 기분이 들기에 급매를 잡을 수 없습니다. 그래서, 다른 기준으로 잡아야 급매를 살 수 있습니다. 그 기준은 바로 상대적인 가격입니다. 여기 한 가지 질문이 있습니다.

"내부 상태가 같은 110동 2층 물건과 15층 물건 차이가 5천만 원입니다. 어느 것이 급매인가요?"

정답은 다음과 같습니다. 만약, 평소 기준으로 두 층간의 가격 차이가 8천이었다면 15층은 급매입니다. 저층은 물론 고층도 팔리지 않는 상황에서 마음이 급한 고층 매도자가 가격이 더 내렸을 것이기 때문입니다. 반면, 평소 기준으로 두 층간의 가격 차이가 2천만 원이었다면 2층 물건이 급매입니다. 지금 같은 하락장에서는 저층 수요는 더 없으므로 마음이 급한 저층 매도자가 가격을 더 내렸을 것이기 때문입니다. 얼핏 들으면 말장난 같다는 생각이 드실지 모르겠지만 마음이 급한 매물이라는 급매의 정의를 생각하면 어느 정도 이해가 될 것입니다. 급매는 가격 간의 상관관계를 보면서 마음이 급한 매물을 찾는 것이 핵심입니다. 예시 하나만 더 보겠습니다. 다음 호가 중 어떤 매물이 사정이 급해 보이는 매물일까요?

3개의 매물 중 급매는 어떤 것일까요?			
매매 8억 5,000 아파트 87A/63m2, 22/29층 남동향	매매 실거래가		22.07 국토교통부 기준
	계약월	매매가	
	2022.05	6억 8,500(4일,28층)	
매매 6억 6,000 아파트 87A/63m2, 05/29층 남서향	2022.04	6억 6,000(20일,2층)	6억 7,000(9일,10층)
	2022.03	6억 (30일,3층)	
	2022.02	7억 2,000(15일,27층)	
매매 7억 5,000 아파트 87A/63m2, 고/29층 남동향	2021.12	7억 4,500(27일,27층)	7억 9,700(18일,10층)
	2021.09	7억 9,000(28일,6층)	8억 1,500(15일,8층)
		7억 8,000(11일,20층)	

출처: 네이버 부동산

자세한 것은 현장에서 확인해야 하겠지만 가격으로만 보면 마지막 매물이 사정이 좀 더 급해 보입니다. 이유는, 첫 번째 8억 매물을 보고 같은 조건에서 1억을 더 내렸기 때문입니다. 반면, 두 번째 매물은 4월 실거래가를 기준으로 보았을 때 급매라 보기 어렵습니다. 다만, 3번째 매물 역시 5월 실거래가를 기준으로 보면 여전히 가격에 대한 미련은 남아 있어 보입니다.

● **마음이 급한 매물을 찾은 후에는 가격을 만들자.**

마음이 급한 매물이라 판단이 들었다면 이제는 가격을 만들 차례입니다. 급매물을 발견했다고 해서 바로 그 가격에 사겠다고 계좌 달라고 덤비는 것은 하수입니다. 왜냐하면, 잘 팔려서 급매가 나오는 것이 아니라 안 팔려서 급매가 나오는 것이므로 나 말고는 살 사람이 없기 때문입니다. 나 말고도 살 사람이 많다면 급매가 나올 리 만무합니다.

급매라고 해서 처음부터 좋은 가격에 나오지 않습니다. 매도자로서는 가격을 최대한 올려 받고 싶은 것이 심리이므로 급매라고 내놓아도 사실은 한 호 정도 낮거나 말만 급매인 것이 대부분입니다. 그러므로, 관심 가는 매물을 발견했다면 우선 중개소에 전화해서 관심을 표명하고, 매도자의 급한 사정을 파악하는 것이 먼저입니다. 여기서 중요한 것은 얼마나 사정이 급한지와 내가 그 사정을 맞춰줄 수 있는지입니다. 사정이 급해서 일정이 쫓길수록 나에게는 유리합니다.

그렇게 매도자 사정을 알고 나서 할 것은 추가 협상을 하는 것입니다. 사정을 맞춰 줄 수 있고 살 의향이 있으니 더 깎아줄 수 있는지 던져 보는 것입니다. 이때 중요한 것은 마음을 비우는 것입니다. 안 사도 고만이라는 생각으로 해야, OO까지 맞춰주면 사겠다고 과감하게 말을 할 수 있습니다. 그렇게 상대방에게 공을 던지고 반응을 살핍니다. 중개 한 건이 아쉬운 중개소라면 한 번 해보겠다고 할 것입니다. 너무 터무니없는 가격이라 생각하면 나하고 먼저 가격 조율에 들어가려고 할 것입니다. 그때는, 나랑 조율하기 전에 먼저 그 가격을 매도자에게 말씀해 달라고 말해 봅니다. 가격은 중개소와 조율하는 것이 아니라 매도자와 조율하는 것이므로 매도자를 떠봐야 합니다. 의외로 깔끔하게 수용할 수도 있습니다. 중개소나 매도자나 매도 기회를 버리고 싶지는 않을 것이므로 상의해서 나에게 절충 가격을 제안할 수도 있습니다. 일단 들어보고 볼 일입니다.

여기서 질문이 있을 수 있습니다. 처음에 얼마를 더 할인해 달라고 던져 볼 것인가입니다. 그건 상대적입니다. 예를 들어, 30억짜리 매물을 산다면 1~2억 정도는 더 불러볼 수 있습니다. 3억짜리 산다면 1~2천 정도 더 불러볼 수 있을 것입니다. 요즘 같은 분위기라면, 대략 1~2호가 정도 추가 할인 요청하고 절충하는 식이면 되지 않을까 싶습니다.

저는 습관적으로 깎아달라고 하는 편입니다. 밑져야 본전이니 일단 던져 보는 식입니다. 그러면, 의외로 수용하는 경우가 많습니다.

● **꼬리표를 붙일 수도 있다.**

요즘같이 매수자가 뜸한 상황을 이용하여 관심 매물에 꼬리표를 붙여 협상을 할 수도 있습니다. 매도자로서는 급매까지 내놓았는데 연락이 없다면 초조해집니다. 이때, 누군가 관심을 보이고 살 의향이 있다는 연락을 받으면 놓치지 않고 성사하고 싶은 마음이 클 수밖에 없습니다.

중개소로서도 마찬가지입니다. 요즘같이 간만 보는 전화만 많은 시기에는, 꼭 사겠다는 사람에게 집중하는 것은 당연합니다. 그래서, 이 물건은 내가 꼭 사고 싶다고 이야기하면 이 물건에 꼬리표를 붙여 빼놓게 됩니다. 예를 들어, 같은 물건에 문의 전화가 와도 진행 중이라는 식으로 차단하는 것입니다. 단독 물건일수록 그럴 확률은 높아집니다. 그러한 상황을 만들어 놓고 나서 계속 조건을 나에게 유리하게 만들어 가는 것입니다. 시간이 흐를수록 나의 협상력이 강해집니다. 다만, 이런 협상은 살 의지가 충분히 있을 때 해야 끝까지 끌고 나가서 마무리할 수 있습니다. 매도자의 역린을 건드리지 않는 선에서 협상의 과정에서 생기는 갈등을 잘 요리해 나가야 결실을 볼 수 있기 때문입니다.

● 중개소에 컨설팅비를 내고 급매를 찾아달라고 해도 된다.

마지막으로, 중개소에 컨설팅비를 내는 조건으로 급매를 찾아달라고 할 수도 있습니다. 지금같이 매물을 넘치는 시기에 웬 컨설팅비라고 반문할 수 있겠지만, 이 와중에도 말도 안 되는 가격의 보석 같은 매물은 네이버에 뜨기도 전에 순식간에 채갑니다. 이런 매물을 찾기 위해서 매일 네이버 부동산을 째려볼 수도 있겠지만 종일 그 일만 할 수는 없는 노릇입니다. 그렇다고, 중개소에 전화해서 급매 나오면 알려달라고 해봐야 "네, 알겠습니다." 하고 넘어가는 경우가 대부분입니다. 급매 나오면 알려달라는 문의 전화는 대부분 통화 끝에 하는 상투적인 말이기 때문입니다. 그 말을 믿고 급매 나왔을 때 연락해도 관심 보이지 않는 매수자들이 대부분이라는 것을 중개소도 알고 있습니다. 그래서, 보통 문자 리스트에 넣어놓고 매물 나왔을 때 문자 보내는 정도로 마무리합니다.

진짜 좋은 매물이 나오면 중개소는 단골손님들에게 직접 전화를 줍니다. 저도 진짜 좋은 매물 나왔을 때 밤 11시에도 전화를 받은 적이 있습니다. 그러므로, 생전 처음 보는 내가 정말 좋은 매물을 잡으려면 구체적인 행동으로 내 의지를 보여주어야 나도 전화를 받을 수 있습니다. 그렇다면 컨설팅비는 얼마를 책정해야 할까요? 중개소 대부분이 이러한 컨설팅비를 받지 않으므로 사실 내가 정하기 나름입니다. 중개소 중에는 컨설팅비를 별도로 책정하는 데가 있는데 보통 500만 원 정도입니다. 비싸다는 생각이 들 수 있습니다. 하지만, 그 이상으로 더 할인된 좋은 급매를 잡았다면 이것 역시 생각하기 나름입니다.

지금까지 급매를 잡는 방법에 대해서 말씀을 드렸습니다. 이 방법 외에도 제가 알지 못하는 여러 자잘한 기술들이 있겠지만 원리는 하나입니다. 바로 "사정이 급한 매물"을 찾아서 그 사정을 이용하는 것입니다. 이 원리 하나만 머릿속에 넣고 있다면 상황에 맞게 응용할 수 있지 않을까 싶습니다.

COFFEE BREAK

스톡 데일 대령이 부동산 시장 참여자들에게 주는 조언

제임스 스톡데일(James Bond Stockdale) 대령은 베트남 전쟁 때인 1965년부터 1973년까지 동료들과 포로로 잡혀 있었습니다. '하노이 힐튼'이라 불린 악명 높은 호아로 수용소에서 상상 이상으로 가혹한 환경과 마주했습니다. 셀 수 없이 많은 육체적 고문이 줄을 이었고, 정신력을 시험하는 무자비한 정신력 고문까지 당했습니다. 매일매일 죽음의 공포를 보았지만, 동료들은 "미국이 협상할 테니 크리스마스 전에는 나갈 수 있을 거야" 하며 희망을 이어갔습니다.

하지만, 크리스마스가 지나고 소식이 없자 크리스마스 전에는 나갈 수 있을 거라고 막연하게 믿었던 낙관주의자들은 크게 실망했습니다. 그 이후로 석방의 기미는 전혀 보이지 않았지만, 여전히 낙관주의자들은 부활절에는 반드시 석방될 것이라는 생각에 희망을 이어갔습니다. 그러나, 부활절에도, 뒤이은 추수감사절까지도 석방 소식은 들려오지 않았고 그렇게, 다시 크리스마스를 맞이하자 낙관주의자들은 한 명 두 명씩 급작스러운 상심의 고리에 빠져 자살하기 시작했습니다.

그러나, 스톡데일 대령은 달랐습니다. 그는 쉽게 풀려나지 못할 것임을 깨닫고, 장기간 버텨야 한다는 각오로 척박한 수용소에서 최대한 오래 버틸 수 있는 생존 시스템을 구축하였습니다. 스톡데일의 독기에 수용소에서도 기가 질렸는지 슬슬 고문을 귀찮아하는 모습을 보일 정도였습니다. 그렇게, 달라진 환경에 최적화된 그와 동료들은 척박한 환경에서 계속 버틸 수 있었고 결국 8년 만에 해방을 맞이하게 되었습니다.

이러한 스톡데일 패러독스는 지금 겨울을 향해 가고 있는 부동산 시장의 시장 참여자들에게 시사하는 바가 큽니다. 부동산 시장은 큰 틀에서 보면 경제가 성장하는 한 지속해서 오릅니다. 경제가 성장할수록 더 많은 돈이 필요하고 그렇게 늘어난 돈은 부동산 시장 가격을 밀어 올리기 때문입니다. 그러므로, 지금의 부동산 시장도 언젠가는 풀려서 상승을 향해 갈 것입니다. 하지만, "OO만 지나면 당장 풀릴 거야."라는 막연한 낙관론은 오히려 나에게 독이 될 수 있습니다. 멀리 갈 것도 없이 "2022년 8월이 되면 전세 시장이 풀리고 다시 시장이 회복될 거야."라는 낙관론이 깨지면서 실망 매물이 나왔던 것만 봐도 알 수 있습니다. 마치, 크리스마스를 기다리다 절망한 포로들처럼 말입니다.

이러한 시기일수록, 스톡데일 대령이 한 행동을 부동산 투자자들도 새겨볼 필요가 있습니다. 시장의 문법이 바뀌었음을 알고, 최대한 이 시기를 버틸 수 있도록 내 자산을 단단하게 얼리는 것입니다. 자산을 얼린다는 것은 좋은 시기가 와서 다시 꺼내 먹을 수 있을 때까지 상하지 않게 보관한다는 의미입니다. 그렇기 위해서는, 좋은 자산에 충분한 시간적 여유를 주어야 합니다. 안 팔리면 전세 등을 돌려서 팔 이유를 없애거나, 혹자 부도가 나지 않도록 현금을 확보하는 등이 좋은 자산을 얼리는 행위입니다. 애물단지의 매도 전화가 왔을 때 망설이지 말고 처분하는 것도 좋은 자산을 지키는 방법입니다.

무엇보다 중요한 것은 시장을 무시한 자신만의 일정으로 낙관주의자들의 크리스마스와 같은 기한을 만들지 않는 것입니다. 스톡데일 대령이 8년을 버틸 수 있었던 것은 기한을 만들지 않았기 때문입니다. 작금의 부동산 시장은 내가 마음껏 활개를 칠 수 있는 전장(battle field)이 아닌 나를 포로로 잡은 포로수용소와 같습니다. 수용소에서 버틸 수 있는 시스템을 만들어 놓고 적군의 동향을 예의주시하면 하루하루를 보낸 스톡데일 대령처럼, 우리 역시 바뀐 시장의 문법에 맞는 자산 운용을 하면서 다시 전장으로 나올 수 있도록 몸을 만들어야 할 때입니다.

부동산 하락장에서 살아남기

PART2
1주택자
어떻게 하면
좋을까요?

3. 부동산 하락장,
   갈아타기가 고민돼요

갈아타려고 집을 내놨는데 거래가 안 됩니다. 기다려야 할까요?

"최대한 빨리 20평대에서 30평대 갈아타기를 하는 거로 결정하고, 집을 내놓고 임장을 다니고 있습니다. 그런데 움직이기가 쉽지 않네요. 우리 집은 매수 문의가 전혀 없고, 후보지로 보고 있는 30평대 집들도 크게 가격이 내려가지는 않았습니다. 물론 그 집들도 몇 달 동안 부동산 매물에 올라와 있는 걸 보면 거래가 멈춰 있는 것 같습니다.

하락장이 깊어질 때까지 기다려야 할 때일까요? 그렇다면 하락장 바닥까지 갔을 때, 우리 집은 어떻게 팔까요...? 지금도 이렇게 안 팔리는데 말이죠. 대치동 키즈님도 하락장에서 상급지로 갈아타기를 하였다는 글을 보았습니다. 하락장에 내 집을 수월히 팔고 상급지, 혹은 넓은 평수로 갈아탈 수 있을까요?"

사연의 주인공은 일전에 댓글 상담을 통해 큰 평형으로 가기로 결심하셨습니다. 그래서, 살던 집을 내놓고 후보지 임장을 다니고 있는데, 시절이 시절이다 보니 갈아타기가 녹록지 않습니다. 내놓은 집에는 매수 문의가 전혀 없고 후보지로 보고 있는 집의 호가도 그리 떨어지지 않은 듯 보입니다.

그러다 보니, 지금 무리해서 가야 할지, 아니면 하락장이 깊어질 때까지 기다려야 할지 고민이 된 것 같습니다. 하락장이 깊어지는 것도 두려움입니다. 아직, 가보지 않은 시기이다 보니 그때가 되면 내 집은 어떻게 되어 있을지 가늠을 할 수 없기 때문입니다. 이에, 그 시기를 먼저 가서 상급지로 평형 갈아타기를 했던 제 경험을 궁금해하셨습니다.

● **거래가 부진할 때는 급매로 팔고 급매로 살 수밖에 없다.**

지금은 매매가와 전세가가 동반 약세를 보이는 시기로 거래 자체가 부진합니다. 이러한 시기에는 가격 하락을 가늠할 수 없으므로 사람들은 매수할 생각을 하지 못합니다. 내가 산 가격이 최고가가 될까 두렵기 때문입니다. 그래서, 급매 가격이 실거래가가 되면서 가격을 끌어내리고 있습니다. 하지만, 아직 매도자들은 상승장의 관성이 남아 있고 손실 회피심리가 강하기 때문에 급매 가격보다 높은, 혹은 자신이 팔고 싶은 호가에 올려놓고 있습니다. 이렇게 파는 쪽과 사는 쪽의 틈이 큰 동상이몽 상황에 대출 금리 상승과 경기 침체 등 불안감을 일으키는 대외 환경이 지속되다 보니, 거래가 부진해졌습니다. 이러한 상황을 벗어나, 거래량이 살아나려면 대출과 취득세 등 매수자를 위한 정부의 부양책이 나와야 하는데, 정부는 아직 생각이 없는 듯 보입니다. 이 분위기를 끌고 가서 바닥 장세까지 보겠다는 심산입니다.

  이러한 시기에 내 집을 팔고 이사를 하려면 실거래가보다 낮은 호가, 즉 급매가로 팔고 상급지 역시 실거래가보다 낮은 호가, 즉 급매가로 사서 갈아타야 합니다. 그러려면 우선, 내놓은 집이 급매는 나가는 곳인지, 아니면 급매 문의조차 없는지를 확인하는 게 필요합니다. 급매가 나간다면 내가 올린 호가가 매칭 가격이 아니어서 나가지 않을 가능성이 큽니다. 지금은 실거래가 이후 한 호가 높은 호가가 형성되는 상승장과는 반대로, 급매 가격이 실거래가가 되면서 매수자들은 더 낮은 가격을 찾는 하락장 문법이 적용되고 있기 때문입니다. 그러므로, 기존 집은 급매로 팔린 가격보다 낮거나 같은 가격으로 내놔야 매수자를 찾을 수 있습니다. 상급지 30평대 역시 네이버에서 보이는 호가가 아닌 현장에서 실거래가보다 낮은 급매물을 찾아야 합니다.

금융 위기 하락장 당시 갈아탔던 아파트 평형 비교 (아래부터 22, 33, 47평)

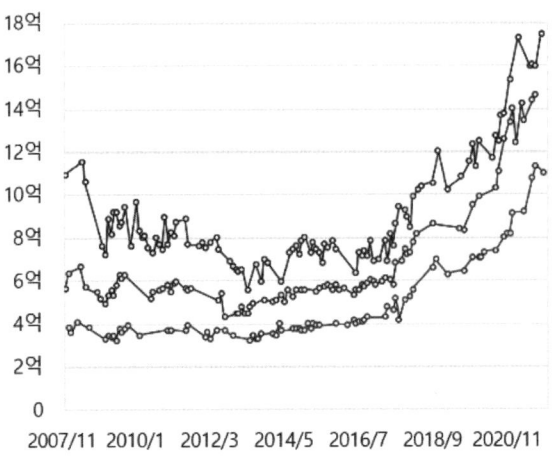

출처: 아파트 실거래가

압구정 한양/현대 아파트의 평형 비교 (아래부터 25, 35, 80평)

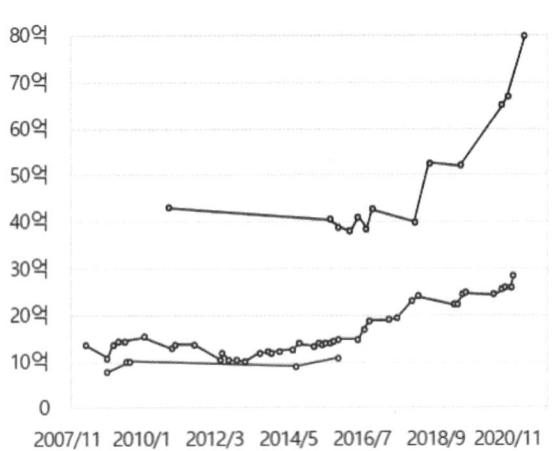

출처: 아파트 실거래가

● 국민 평수 이하에서 갈아타기는 바닥장이 나을 수 있다.

　거래량이 살아나려면 가격 내림세가 멈추고 바닥을 다지는 시기가 와야 합니다. 이런 시기가 오면 소형 평수 주택부터 먼저 반등이 시작됩니다. 왜냐하면, 무주택자의 매수 부담이 상대적으로 적기 때문입니다. 그렇게 20평대가 반등을 하면서 30평대와 가격 갭을 좁히기 시작합니다. 그 시기가 오면 20평대를 팔고 30평대로 넘어가기가 수월해집니다. 제가 상급지 갈아타기로 했던 2014년이 그러한 시기였습니다.

　첫번째 그래프는 지난 하락장에서 제가 22평에서 33평 그리고 47평대로 갈아탔던 단지들을 비교한 것입니다. 밑에서부터 22평, 33평대, 47평 그래프입니다. 당시, 22평에서 33평으로 상급지와 평형을 동시에 갈아탔던 시기는 2014년 봄이었고, 33평에서 47평으로 갈아탔던 시기는 2017년 여름이었습니다.

　2007년부터 2012까지는 지금처럼 가격이 계속 내려가는 시기였습니다. 이 시기에도 급매가가 실거래가가 되고 가격을 끌어내리면서 거래 가뭄이 일어났었습니다. 하지만, 여기서도 평형 간의 차이점이 보입니다. 소형 평형일수록 내려가는 가격의 기울기가 높지 않습니다. 그 이유는 무엇일까요? 그것은 바로 사람들의 주머니에 돈이 말라가면서 큰 자본이 드는 것부터 매수를 포기해 나갔기 때문입니다. 그 결과, 자기 자본이 적게 드는 소형 평형부터 먼저 바닥을 다져갔고 그 뒤에 30평형, 마지막으로 대형 평형이 바닥을 다졌습니다.

그 사이사이에 평형 간의 갭이 줄어드는 시기가 생겼습니다.

물론, 예외인 단지들도 있습니다. 유일무이한 희소성을 가진 경우입니다. 예를 들어 두번째 그래프에서 보듯이, 압구정 초대형 평형의 경우 유일무이한 희소성을 가지고 있습니다. 이런 곳은 매수와 매도자의 리그가 달라서 첫번째 그래프와 유사성을 보이지 않습니다. 이러한 극히 일부의 경우를 제외하면, 서울/수도권의 많은 단지는 앞서 지난 장에서 제가 경험했던 경우와 편차만 있을 뿐 대체로 유사성을 보입니다. 이러한 유사성을 볼 때, 현재의 거래 가뭄으로 갈아타기가 어렵다면, 과감하게 바닥장을 기다려 보는 것도 방법입니다. 부동산 시장은 각종 부동산 정보 기술을 타고 발전하지만, 사람의 심리를 예나 지금이나 변한 것이 없으므로 비슷한 유형으로 역사는 반복될 가능성이 크기 때문입니다. 다만, 위에서 설명한 유사성은 서울/수도권의 경우입니다. 각 지방 광역시나 주변 도시는 그 지역민의 평형 선호도도 다르고 투자자에 의한 시세 교란 등 다양한 변수가 있어서 개별성이 강합니다. 그러므로, 각 지역에서 갈아타기를 하시려는 분들은 그 지역에 맞는 유사성을 찾아서 타이밍을 모색해 볼 필요가 있습니다.

지금까지, 하락장에서 갈아타기 하기 위해 내 놓은 집이 안 팔릴 때, 어떻게 갈아타기 전략을 생각해야 할 지에 대해서 말씀드렸습니다. 유동성이 줄어드는 시기가 오고 사람들의 호주머니에 돈이 부족하게 되면 돈이 많이 드는 계획부터 철회하거나 돈이 적게 드는 대안을 찾는 것은 보편적인 사람의 심리입니다. 이러한 심리를 생각해서 갈아탈 계획을 세워보면 조금은 그 이치가 이해되지 않을까 합니다. 갈아타기를 고민하시는 분들에게 작은 도움이 되었기를 바랍니다.

기존 집이 팔리지 않습니다.
비과세를 포기해야 할까요?

"현재 일시적 1가구 2주택을 가지고 있고 22년 4월에 비과세 기간이 만료됩니다. 그래서, 비과세에 맞춰서 매물을 내놓았는데 요즘 시장이 안 좋은지 보러 오는 사람이 없네요.

그래서 가격이 내려서라도 비과세받고 매도하는 것이 나을지, 아니면 비과세를 포기하고 다주택자로 가는 것이 좋을지 매일 고민하고 있습니다. 어떻게 해야 하는 것이 좋을까요?"

요즘 고민 사연에서 많이 접하는 주제는 다름 아닌 비과세에 대한 것입니다. 부동산 시장이 얼어붙으면서 부동산 투자 계획이 어긋나는 분들이 많아지고 있습니다. 분양권 시장에서는 당연히 나올 줄 알았던 중도금 대출이 거절되면서 난리가 난 곳도 있었고, 금융 당국의 막무가내식 금지로 시행사에서 잔금 대출 은행을 찾지 못하는 바람에 발을 동동 구르다가 막판에 잔금 대출은 예외로 하겠다고 발표하면서 안도에 한숨을 놓은 분들도 많았습니다.

갭투자 시장에서는 전세 대출 대란으로 움츠러든 임차인이 전세 갈아타기를 포기하면서, 잔금에 맞춰 세입자를 당연히 들일 줄 알았던 집주인들이 어려움을 겪었습니다. 세입자 문의가 하나도 없는 상황에서 잔금일이 다가오니 사채까지 끌어서 잔금을 치르는 경우도 보았습니다.

이러한 사례만큼이나 찬바람을 맞으며 당황하고 있는 분들이 바로 비과세 연한을 앞둔 일시적 1가구 2주택자들입니다. 당연히 팔릴 것을 예상하고 비과세 매도 시한에 맞추어 매물을 내놓았는데 보러 오는 사람이 없다고 하니 초조해지는 와중에, 비과세가 깨지면 나올 연말 종부세를 예상하니 한숨이 절로 나오는 상황입니다. 배우자는 종부세가 너무 많이 나오니 급급매라도 내서 비과세 매도로 털어내자고 말은 하지만, 어떻게 매수한 것인데라는 생각에 손해 보고 싶지 않은 마음이 듭니다. 이왕 이렇게 된 김에 그냥 비과세를 포기하고 버텨볼까 하는 생각도 드니 잠 못 이루는 밤이 늘어납니다.

● 내 집 완성이 끝나지 않았다면 비과세는 지름길이다.

이렇게 계획대로 되지 않는 상황을 마주하였을 때는 다시 처음으로 돌아갈 필요가 있습니다. 그 처음은 바로 내 집 완성이 끝났는가 아니면 반드시 상급지로 가야 하는가를 결정하는 것입니다. 부동산 투자의 근간은 내 집이기 때문에 내 집이 완성되지 않는 상황에서는 이런저런 투자를 해도 부족함을 느낄 수밖에 없습니다. 그러므로, 생애 주기에 맞춰 내 집을 완성하는 것은 가장 우선순위에 두어야 할 일입니다.

내 집 완성이 끝나지 않았다면 일시적 1가구 2주택 비과세는 가장 이른 시일 내에 내 집을 완성하는 지름길입니다. 양도차익이 5억을 넘을 경우, 비과세 이익이 일반과세로 1채를 추가 매각하는 것과 맞먹기 때문입니다. 그만큼 비과세하면 손에 쥐는 세후 이익 극대화할 수 있습니다. 그러므로, 이렇게 마음을 먹었다면 비과세로 매도를 할 수 있는 조처해야 합니다. 그 시작은 비과세 시한을 넘기지 않고 팔리도록 가격을 조정하는 것입니다. 도저히 팔리지 않는 가격을 책정해 놓고 아무리 여기저기 전화해서 부동산중개료를 갑절을 준다고 하고 집에 창문을 닦고 해봐야 손님은 찾아오지 않기 때문입니다.

● 비과세와 일반과세 시 이익을 비교하여 매도를 결정하자.

이때, 비과세 매도 여부를 결정하는 방법이 있습니다. 내가 원하는 가격이 아닌 즉시 거래할 수 있는 가격으로 비과세 매도했을 때 받을 세후 이익이 비과세를 포기하고 일반과세로 가져갔을 때 얼마까지 더 올라야 얻을 수 있는 수익인지를 따져보는 것입니다.

예를 들어, 2주택자가 일시적 비과세를 통해 얻을 수 있는 양도차익이 6억이라고 할 때, 비과세를 포기하고 일반과세 42%로 매도하여 같은 이익을 얻으려면 대략 양도차익이 8.9억이 되어야 합니다. 이럴 경우, 내 집은 지금보다 2.9억 정도가 더 올라야 합니다. 그렇다면, 이 집이 앞으로 2.9억 정도가 더 오를 것인가를 생각해 보는 것입니다. 만약, 팔지 않고 두었을 때 2.9억 이상 더 오를 수 있고, 기존 집을 전세 받아서 마련한 자금으로도 미리 사둔 상급지로 이동할 수 있다면 과감하게 비과세를 포기하고 2주택자의 길을 걸어도 됩니다. 하지만, 그럴 가능성이 없어 보인다면 비과세 매도하고 상급지로 이동하는 것이 바람직합니다. 여기, 추가 질문이 있습니다.

"비과세 매도하기로 했는데, 얼마까지 내려서 팔아야 할지 모르겠어요."

매도를 원활히 하려면 매수자가 살 만한 가격에 내놓는 것이 가장 좋습니다. 특히, 가격이 내려가는 하락 시기에는 급매가가 실거래가가 되기 때문에 매수자는 급매가와 같거나 그 이하 가격을 찾게 됩니다. 그러므로, 하락 시기에 매도를 원활하게 하려면 최근 실거래가나 비슷한 조건의 급매 가격을 매도 가격 상한선으로 삼을 필요가 있습니다. 그렇다면, 하한선은 어떻게 잡아야 할까요? 아무리 하락장이라고 하지만, 내 비과세 이익을 모두 희생하면서까지 매도한다면, 파는 의미가 없습니다. 그러므로, 하한선은 내가 비과세로 파는 목적을 최소한 달성할 수 있게 정해야 합니다.

가장 합리적인 방법은 일반과세로 매도할 시 내는 양도세만큼을 매도 하한선으로 잡는 것입니다. 예를 들어, 내가 비과세 양도를 통해 얻을 수 있는 양도차익이 6억이라고 할 경우, 만약 비과세 기간이 지나서 일반과세도 매도하면 양도 차액 6억의 42%인 2억5천2백만 원을 양도세로 내고 3억4천8백만 원을 손에 쥐게 됩니다. 이는, 내가 비과세로 매도할 때, 3억 4천 8백만 원 이상 양도차익을 얻을 수만 있다면 나는 일반과세로 매도하는 것보다 무조건 이익이라는 말과 같습니다. 그러므로, 나는 비과세 시기를 놓쳐 양도세를 내는 대신, 과세분인 2억 5천2백만 원만큼 가격을 내릴 여지를 가지고 어떻게 해서든 비과세 시기 안에 매도하면 됩니다. 이러한 셈법으로 매도 하한선을 잡으면 비과세로 매도하는 목적을 달성할 수 있습니다.

지금까지, 하락장에서 비과세가 걸려 있는 집을 매도할 때 그 기준점을 어떻게 잡아야 할지 말씀드렸습니다. 비과세는 이른 시일 안에 내 집 완성을 할 수 있는 지름길입니다. 그러므로, 내 집이 아직 완성되지 않았다면 최대한 비과세를 하고 매도하려고 노력해야 합니다. 하지만, 급매 가격이 실거래가가 되는 하락장에서 매도하려면 최근 실거래가나 비슷한 조건의 급매 가격을 상한 가격으로 삼아야 합니다. 이러한 조건에서 내가 비과세 매도할지, 그리고 비과세 매도한다면 얼마까지 내려서 팔지를 결정하려면, 비과세 매도와 일반과세 매도 간의 비교를 해서 결정해야 합니다. 이러한 비교법을 활용하면, 하락장에서도 내 집에 대한 매도 결정을 하고 실행을 할 수 있습니다. 오늘도 비과세의 길목에서 고민하시는 분께 작은 도움이 되었기를 바랍니다.

갈아타기를 해야 하나요, 집 수를 늘려야 하나요?

"안녕하세요. 대치동 키즈님! 곧 복직하게 되는 예비워킹맘입니다. 현재 24평대에 자가로 거주 중으로 실거주 2년 조건 만기를 앞두고 있습니다. 복직 이후에는 현재 사는 집을 전세로 내놓고 아이를 봐줄 친정집 주변으로 이사 갈 예정입니다.

전세금으로 갈아탈 상급지를 미리 사놓고 친정 근처 월세로 거주하는 것이 좋을까요? 혹은. 친정 근처로 월세간 후 전세금으로 갭이 적은 투자처에 투자하는 것이 좋을까요?" 아니면. 그냥 전세금으로 친정 근처에 전세를 가는 것이 좋을까요?

사연의 주인공은 24평을 실수요 및 거주하시는 분으로 아기 엄마입니다. 곧 복직을 앞두고 아이를 친정어머니에게 맡기기 위해 사는 집을 전세주고 친정집 근처로 갈 계획을 하고 있습니다. 고민은 일시적 1가구 2주택 비과세를 활용해서 갈아타기를 할지 아니면 포기하고 갭투자를 시작해서 다주택자의 길을 갈지입니다.

 아이가 태어나고 자라면서 많은 부모가 더 나은 환경을 찾아 옮겨갈 것을 고민합니다. 하지만, 최근에는 파이어족을 꿈꾸는 사람들이 많아지면서 실거주 1채로 자산을 불리기보다는 그 돈으로 추가적인 부동산 투자를 하는 것을 저울질하는 모습이 많이 보이고 있습니다. 사실, 여기에 정답은 없습니다. 둘 다 당위성이 있기 때문입니다. 더 살기가 좋은 곳에서 안심하고 아이들을 키우고 생활 만족도를 올리고 싶은 것은 사람의 본능입니다. 하지만, 소유욕을 충족하면서 자산이 주는 안정감을 통해 경제적 자유에 빠르게 도달하고 싶은 것도 자본주의를 살아가는 우리들의 목표이기도 합니다. 다만, 여기에는 순서가 있습니다.

부동산 투자의 궁극적 목표는 부자가 되고 경제적 자유를 이루는 것입니다. 하지만, 이 목표는 장기적인 목표입니다. 왜냐하면, 사회가 요구하는 부자나 경제적 자유의 기준은 돈 가치가 떨어지는 속도에 반비례하여 점점 높아지고 있기 때문입니다. 그래서, 저는 단기 목표를 먼저 생각해 볼 것을 권합니다. 무엇이 지금 나에게 더 필요하고 급한 것인지 순위를 정해 보는 것입니다. 사실, 사연자는 이미 답을 알고 있습니다. 갈아타기를 고민하는 사연을 보낸다는 것은 지금 사는 내 집과 지역에 대한 불만이 있다는 방증입니다.

돌이켜 보면, 제 아내도 같은 고민을 아이가 태어나서부터 했습니다. 신혼 당시 살던 곳은, 전세 1.6억에 매매가 2억의 아파트로 주로 신혼부부들이 전세 사는 곳이었습니다. 주변에 빌라와 혼재된 곳으로 재래시장도 있고 근린 상권이 옹기종기 모여 있었습니다. 회사에서 가까웠기 때문에 회사 사람들도 몇 명 같이 살았습니다. 결혼 전에 대치동에서 살았던 저는 그곳이 썩 맘에 들지 않았습니다. 반면에, 직장을 따라 다양한 지역에서 거주하여 그러한 편견이 없었던 아내는 그곳을 맘에 들어 했었습니다. 하지만, 아이가 생기면서 아내도 조금씩 생각이 바뀌었습니다. 유모차를 태우고 돌아다니기에는 언덕도 높고 도로가 반듯하지 않아 불편했기 때문입니다. 거기에 신혼 때는 몰랐던 외부 소음도 신경에 거슬렸습니다. 그렇게, 전에 몰랐던 불편함을 느끼면서 자연스럽게 상급지 이동을 결정하였습니다.

다시 돌아와서, 실거주 집 대신 다른 투자를 하겠다는 선택은 대부분 어서 빨리 부자가 되고 싶다는 조급함 때문입니다. 이럴 때 생각해 봐야 할 것은, 내 집에 대한 불만이 있는 상황에서 자잘한 몇 개 투자한다고 해서 부자와 경제적 자유라는 나의 궁극적 목표가 해소될 것이냐 하는 점입니다. 또한, 자잘한 투자를 하면 내 집에 대한 불만이 사라질 것이냐도 생각해 볼 수 있습니다. 아마, 무엇인가 시원하지 않음을 느끼실 것입니다.

모든 일에는 순서가 있는 법입니다. 마찬가지로 부동산 투자에서도 순서가 있습니다. 내 집이 완성되지 않은 채 하는 투자는 나와 가족을 만족시킬 수 없습니다. 내 집의 완성은 부동산 투자에서 가장 먼저 해야 할 단기 목표입니다. 내 가족이 안전하고 쾌적하며 좋은 커뮤니티와 함께 살 수 있는 공간을 마련하는 것은 가족을 책임지는 가장의 의무이기 때문입니다.

내 집 완성이라는 단기 목표를 가장 빠르고 효율적으로 달성해 주는 지름길은 비과세를 활용한 갈아타기입니다. 그 외 모든 것은 수단입니다. 예를 들어, 갈아타기 할 자금이 부족해 이를 마련하기 위해 공시가 1억 이하처럼 몇 가지 단기 부동산 투자를 감행할 수 있겠지만 그것이 올랐다고 해서 파는 것을 망설이면 안 됩니다. 그 투자 행위는 갈아타기라는 목표를 위한 자금 확보 수단이기 때문입니다.

● 갈아타기는 언제 멈춰야 할까요?

혹자는 "갈아타기를 어디까지 해야 하는지 모르겠습니다. 평생 갈아타기만 하다가 1주택자가 될 수는 없지 않나요?"라고 물어볼 수 있습니다. 맞습니다. 갈아타기는 단기 목표여야만 합니다. 그렇지 않으면 말씀하신 대로 평생 1주택자에만 머무르게 됩니다. "내 집 없는 부자는 없다"에서도 말씀드렸지만, 자산가로 가기 위해서는 반드시 다주택자의 길을 가야만 합니다.

갈아타기를 멈춰야 할 시점은 생애 주기 투자와 연결하면 의외로 쉽게 알 수 있습니다. 신혼, 자녀가 유치원 들어갈 때, 자녀가 초등

학교 고학년이 되었을 때, 3번이 갈아타기의 적기 시점입니다. 그 이유는 이 3번이 주거지에 대한 기준이 가장 많이 변하는 시점으로, 상급지에 대한 욕구가 가장 강렬한 때이기 때문입니다. 자녀가 중학교를 입학하면서는 학업과 정서적 안정감이 중요하기에 쉽게 이사를 할 수 없습니다. 그렇게 10년 이상을 한 지역에 살다 보면 커뮤니티에 완전히 동화되기 때문에 상급지에 대한 욕구가 상당 부분 사라지게 됩니다. 그래서, 위의 3번의 생애 시점이 지나면 갈아타기를 멈추고 자산가의 길을 걸어갈 필요가 있습니다. 부자와 경제적 자유라는 궁극적 목표는 내 집 하나만으로는 해결할 수 없기 때문입니다. 다만, 평생 다가갈 궁극적 목표이기 때문에 갈아타기를 먼저 하고 실행해야 편한 마음으로 조급하지 않게 할 수 있습니다.

지금까지, 내 집 갈아타기가 왜 가장 먼저 되어야 하는 지와 갈아타기가 필요한 시점에 관해 이야기하였습니다. 3번의 생애 시점 사이에 일찍 갈아타기를 완성하면 그만큼 자산가로 갈 시간을 벌 수 있습니다. 모두가 강남을 갈 수도, 갈 필요도 없습니다. 각자 사는 지역에 있는 상급지로 목표를 잡고 가면 됩니다. 어느 도시든 그 지역에서 가장 좋은 곳이 있고 그런 곳은 대부분 갈아타기 최종 지역으로 만족스럽기 때문입니다. 갈아타기를 통해 내 집을 완성할지, 아니면 투자로 넘어갈지에 대한 고민에 조금은 도움이 되었으면 합니다.

내 집 없는 부자는 없습니다.

침체장이라는데, 더 주고 로열 층 vs 급매 비선호 층 중 무엇이 나을까요?

"이번 부동산 상승장의 끝이 모르겠지만 상승기 후반부를 지나고 있다고 생각하고 있는데요. 현재 상급지로 갈아타기 기회를 엿보고 있는데 상승기 후반부에서 상급지를 갈아탈 때 최근 출현하는 급매를 잡는 것과 조금 더 내더라도 로열동 로열층을 매수하는 것이 좋은 전략인지 궁금합니다. 조정기 또는 하락기에서 평수를 늘리거나 하는 전략을 취하면 로열 층이 아닌 향이 좋지 않거나 비선호 층수는 매도에 많은 어려움이 있다는 과거 경험을 최근에 많이 들어서 이 부분이 궁금했습니다. 지혜를 나눠 주시면 고맙겠습니다."

이번 사연을 보내주신 분은 갈아타기를 하려는 분입니다. 최근 부동산 시장 분위기를 타고 출현하는 급매를 잡는 것이 좋을지 아니면 조금 더 값을 지불하고 로열동 로열층을 매수하는 것이 나을지가 고민입니다. 아무래도 부동산 시장 조정기 또는 하락장이 오면 매도가 쉽지 않다고 하는데, 과연 어느 정도나 심한 것인지 감을 잡기 어렵다는 첨언도 하셨습니다. 아마, 이번 사연을 접하신 분들은 이번만큼은 명확하게 답변을 내릴 수 있다고 생각하실 것 같습니다. 이렇게 말입니다.

"당연히, 돈을 좀 더 주고 로열동 로열층을 선택해야 할 것 같은데요? 특히나, 하락장이 오면 로열동 로열층도 잘 안 팔린다고 하는데 무엇보다 환금성이 중요할 테니 말이에요. 이건, 고민할 이유가 없는 사연 같은데요?"

맞는 말입니다. 여유가 있다면 조금 더 주더라도 로열동 로열층을 사는 것이 당연히 더 좋은 전략입니다. 아무래도 매도하기도 좋고 임차를 주기도 로열동 로열층이 더 낫기 때문입니다. 특히, 하락장 혹은 바닥장이 되면 아예 매수세가 실종되면서 로열동 로열층을 가진 사람도 매도를 장담하기 어려워집니다.

제가 2014년도에 매수하였던 분당 아파트의 경우 로열동 로열층이고 그중에서도 두 세대밖에 없는 층이었음에도 매도자는 1억 가까이 손해 보고 팔았습니다. 당시는 전세난이 극심한 시절로 사람들은 매매보다 전세를 선호했고 우리나라는 일본 전철을 밟아 1기 신도시는 전부 다마 신도시처럼 된다는 설이 파다했습니다. 집을 사겠다면 모두가 말렸던 시절이니 로열 층이라도 매수자가 붙을 리 만무했습니다 로열 층이 이 정도였으니 비선호 층은 말할 것도 없었습니다. 그나마 로열 층은 가격을 내리면 보러 오는 사람이 있고 거래가 되기도 했지만, 저층이나 향이 좋지 않은 호수는 보러 오는 사람마저 없었습니다. 보러 오는 사람이 없으니 가격이 내리는 것이 무의미했습니다. 가격을 내려서 급매를 만드는 것도 보러 오는 사람이 있고 급매가 팔릴 때 의미가 있기 때문입니다.

그렇다면, 요즘 같은 시장에서 비선호 층 급매를 잡는 것은 절대 하지 말아야 할 일일까요? 꼭, 그렇다고 볼 수는 없습니다. 특히, 하락장에서 매도할 생각이 없고 실수요가 풍부해서 비선호 층도 임차를 맞추고 꾸준히 올려 받을 수 있는 뿌리 자산을 매입하겠다 하면 생각의 전환을 해 볼 필요가 있습니다. 상승장에서는 로열 층을 구하지 못한 수요층이 비선호 층이라도 잡으려고 하기에, 로열 층과 비선호 층 사이에 벌어진 갭은 줄어듭니다. 반면, 하락장에서는 로열 층은 환금성을 고려한 수요가 쏠리면서 어느 정도 가격을 방어하는 반면, 비선호 층은 하락장이 깊어질수록 파리가 날리고 가격 방어가 어려워지면서 로열 층과 갭 차이가 적정 가치보다 더 과도하게 벌어집니다.

만약, 하락장이 끝나고 상승장이 시작되면 어떻게 될까요? 하락장에서 로열 층과 비선호 층간에 벌어진 갭은 상승장이 되면서 다시 좁혀지게 됩니다. 이런 원리를 알고 있는 일부 투자자들은 지금 같은 시장에서 비선호 층 급매를 싸게 잡기도 합니다. 제가 가지고 있는 주택 중에도 이러한 원리로 잡은 저층이 있습니다. 2016년 당시, 해당 단지의 로열 층은 이미 가격 상승이 진행되었었지만, 저층은 아직 오르지 않았었습니다. 지금은 저층 자산들도 절대 안전 마진이 확보되어 있어서 하락장이 와도 별문제는 없습니다.

이러한 투자 방법에는 한 가지 조건이 있습니다. 이러한 차익 기회를 살리기 위해서는 하락장을 돌아 다시 상승장이 깊어지면서 비선호 층까지 수요가 몰릴 때까지 부침을 견디며 보유할 수 있어야 합니다. 오르는 것에는 순서가 있다 보니, 남들이 오를 때 내 것은 안 오르는 시기가 있기 때문입니다. 그 시기를 견디기 어려운 분들은 팔고 싶을 때 팔 수 있는 환금성 좋은 로열 층을 좀 더 주고 사는 것이 마음 편한 투자가 될 수 있습니다.

지금까지 하락장에서 어느 층을 살 것인지를 생각해 봤습니다. 성향에 따라 그리고 투자 목적에 따라 층의 선택은 달라질 수 있습니다. 어느 층을 고르는 것도 중요하지만 그보다 중요한 것은 투자 목적을 달성할 때까지 기다리는 것입니다.

4. 1주택자를 넘어,
   다주택자가 되고 싶어요

1주택자는 앞으로 어떻게
투자해야 할까요?

"저는 남편 명의로 된 1주택을 가지고 있고, 아직 입지가 마음에 들지 않아 더 움직일 예정입니다. 다름이 아니라, 1주택을 소유하고 부동산 투자하고 싶으나 어느 방법으로 가야 현명할지 몰라서 의견 구합니다."

이번 사연은 1주택자의 고민입니다. 요즘 댓글 사연에서 가장 많이 물어보는 질문 중의 하나는 어느 방향으로 가야 할지 모르겠다는 것입니다. 사연을 주신 분 역시 부동산 투자하고 싶지만, 어느 방향으로 가야 현명할지 모르겠다는 고민을 주셨습니다.

● 1주택자에게 다주택자가 되는 것은 욕망이자 두려움이다.

　1주택자들의 사연을 보면 공통점이 하나 있습니다. 바로, 가지고 있는 주택 가격이 상승하는 것을 보고 부동산 투자의 위력을 실감한 후, 다주택자가 되고 싶지만 각종 규제와 세금 때문에 부동산 투자하고 싶어도 전혀 움직일 수가 없다는 고민입니다. 여기에는 숨어 있는 아이러니가 하나 있습니다. 정작, 각종 규제와 세금 때문에 부동산 투자하고 싶어도 전혀 움직이지 못하는 사람은 1주택자가 아니라 다주택자라는 것입니다.

　예를 들어, 1주택자가 조정 지역에서 추가 1주택을 살 때 8% 취득세가 붙지만, 이는 다주택자 취득세 13%보다는 작습니다. 비조정 지역으로 들어가면 추가 1주택까지는 일반과세이고 추가 2주택부터 8% 취득세가 붙습니다. 이 역시 다주택자에 비하면 전혀 움직이지 못할 수준은 아닙니다. 이렇게 따지면, 오히려 각종 규제와 세금 때문에 부동산 투자하고 싶어도 전혀 움직일 수가 없다는 고민은 다주택자한테서 나와야 합니다. 하지만, 막상 다주택자의 댓글 상담에서는 이러한 고민은 거의 나오지 않습니다. 오히려, 다주택자의 고민은 "무엇을 사면 좋을까요"에 초점이 맞춰져 있습니다.

　이렇듯, 오히려 명의에서 여유가 있는 1주택자가 다주택자보다 더 세금과 규제를 고민하는 이유는 다주택자가 되고 싶지만, 다주택자가 되는 것이 두렵기 때문입니다. 특히, 비과세 혜택은 다주택자로 넘어가는 것을 막는 가장 큰 허들입니다.

● 비과세는 양날의 검이다.

양도세 비과세는 1주택자가 가질 수 있는 가장 큰 혜택입니다. 최근, 규제가 완화되면서 조정 지역에서 2년 거주, 비조정 지역에서 2년 보유 기간을 채우고 양도 당시 1주택 상태이면 12억까지 비과세를 할 수 있습니다. 그 이상 초과 금액에 대해서는 보유와 거주 기간에 따른 장기 특별공제 혜택을 받을 수 있습니다. 특히, 갈아타기를 하려는 1주택자에게는 일시적 1가구 2주택이라는 제도를 통해 비과세를 적용받을 수 있는 시간도 늘려줍니다. 새 주택을 산 후 기존 주택을 규제 조건에 따라 2~3년 안에 팔고 입주를 하면 되기 때문입니다.

하지만, 이러한 비과세를 하기 위해서는 양도 당시 1주택자 지위를 유지해야 합니다. 이러한 조건은 1주택자가 다주택자로 가는 길을 방해하는 요소입니다.

● 내 집 완성은 비과세 틀에서 벗어나는 가장 빠른 길이다.

다주택자로 가기 위해서는 심리적으로 비과세를 졸업해야 합니다. 심리적으로 비과세를 졸업한다는 의미는 더 이상 비과세할 필요성이 없다는 것을 말합니다. 그렇다면, 언제쯤 1주택자는 더 이상 비과세할 필요성을 못 느끼게 될까요? 제 경험으로 볼 때, 내 집 마련이 완성되는 시점이 되었을 때 더 이상 비과세할 필요성을 느끼지 못했던 것 같습니다. 내 집이 완성된다는 것은 내가 최종적으로 가려고 하는 지역과 평형으로 안착하는 것을 말합니다. 이번 사연에서도 보듯이 입지가 맘에 들지 않아 움직인다는 것은 내 집이 완성되지 않았다는 것을 의미합니다.

간혹, 내 집이 완성되지 않은 상태에서 다른 부동산 투자를 고민하는 분의 사연을 받을 때가 있습니다. 그때마다 드리는 답변은, 내 집을 먼저 빠르게 완성하고 나서 다른 부동산으로 투자를 넓히라는 것입니다. 내 집 완성은 단순히 투자 측면에서뿐만 아니라 나의 사회적 그리고 문화적인 만족감이 동반되는 행위입니다. 그래서, 내 집이 완성되지 않은 상태에서 아무리 다른 투자를 한다고 해도 만족감을 느끼기 어렵습니다. 실거주가 주는 사회적 그리고 문화적 입지가 만족스럽지 않기 때문입니다. 그래서 그사이 주택 수를 넓힌다고 해도 결국 다 정리한 후 똘똘한 한 채로 갈아타기를 하는 분이 많습니다. 그렇게 하다 보면, 종잣돈을 만들어 내는 뿌리 자산을 넓히지 못하고 계속 1주택으로 머물게 됩니다.

그러므로, 내 집 완성이 되지 않았다면 비과세 혜택을 최대한 활용해서 이른 시일 내에 내 집을 먼저 완성해야 합니다. 그 과정에서 무리하는 것이 부담스럽다면 중간 다리가 될 만한 내 집을 마련 한 후 여건이 마련될 때 옮겨가면 됩니다. 중요한 것은 한눈 팔지 않고 직진해서 내 집을 먼저 완성하는 것입니다.

● 내 집 완성은 입지로 간 후 평형을 늘리는 것이 빠르다.

　내가 원하는 지역에 내가 원하는 평형으로 한 번에 가면 더할 나위 없이 좋겠지만 아무리 계산기를 두드려봐도 둘 다 만족하게 할 수 없는 경우가 생깁니다. 이 경우, 입지와 평형 중 선택을 할 수밖에 없는데 저는 입지를 먼저 선택하는 것을 추천합니다. 이유는 지역 갈아타기보다 한 단지에서 평형 갈아타기가 더 수월하기 때문입니다. 예를 들어, 강동구 30평에 사시는 분의 최종 실거주 완성 목표가 강남구 40평인데 중간 다리로 강남구 20평과 강동구 40평 중 어디를 선택할지 고민한다면 저는 강남구 20평을 갈 것을 추천합니다. 아무래도, 강동구에서 강남구로 넘어가기보다 강남구 같은 단지 내에서 20평에서 30평, 그리고 30평에서 40평으로 가는 것이 물리적으로 더 쉽기 때문입니다.

　대형 평형일수록 평당가가 낮은 것도 부가적인 원인 중 하나입니다. 평당가가 낮은 것에서 높은 것으로 가는 것보다 평당가가 높은 것에서 낮은 것으로 가는 것이 아무래도 쉽습니다. 그러므로, 둘 다 가능한 여건이라면 어려운 것을 먼저하고 쉬운 것을 나중에 하는 게 낫습니다.

● 뿌리 자산을 확보하려면 내 집 완성은 타협이 필요하다.

내 집 완성은 중요한 목표이지만 어느 시점에서는 타협이 필요합니다. 자산의 선순환을 이루기 위해서는 종잣돈을 만들어 내는 뿌리 자산을 확보해야 하는데 내 집 완성하는 데 필요한 비과세 혜택을 졸업하지 않고서는 뿌리 자산을 늘릴 수 없기 때문입니다. 예를 들어, 제가 내 집 완성을 지금 사는 지역과 집에서 만족하지 않고 용산구 한남동의 초고가 주택인 나인원 한남을 목표로 했다면 저는 지금과 같은 뿌리-줄기-잎 자산을 갖춘 선순환 시스템을 구축할 수 없었을 것입니다. 월세 수익을 통한 경제적 자유에 다가가지도 못했을 것입니다. 대치동 키즈로 여러분과 만나기도 어려웠을 것입니다. 여전히, 그 집을 사기 위해 갈아타기를 하고 종잣돈을 모으면서 1주택에 머물렀을 것이기 때문입니다.

지금까지 1주택자가 실거주 집을 넘어서 부동산 투자하기 위해 해야 할 것을 말씀드렸습니다. 내 집을 완성하는 것은 중요합니다. 하지만, 어느 정도 내 집에 대해서 만족했다면 과감하게 타협하고 비과세를 졸업해야 합니다. 그리고 나서, 뿌리 자산을 매입할 계획과 실행을 해야 합니다. 그래야, 마르지 않는 종잣돈을 확보하여 지속해서 부동산 투자를 할 수 있습니다.

실거주 목표 달성 후 허무합니다.
어떻게 해야 할까요?

"결혼 때 실거주 집을 마련하여, 만5년 만에 순자산 O 억을 달성하면서, 생각보다 짧은 시간에 많은 것을 이뤘어요. 다른 사람이 생각하기엔 작은 성과일지 모르나, 달성하고 나니 다음 목표 설정이 안되고, 허무하고 의미 없는 시간을 보내고 있다는 생각이 듭니다.

육아 휴직 동안, 부동산 공부도 하고 공인중개사 자격증도 딸 수 있었는데, 복귀한 후에는 다시 빡빡한 직장 생활을 하게 되었습니다. 그래서 육아도 힘에 부치고…. 문제는 제가 지금 하는 일에 너무 흥미가 없습니다. 정말 생활비 벌러 왔다 갔다 하고 있습니다. 갈피를 못 잡고 있어요. 회사를 관두고 애들 돌보면서 부동산 공부를 본격적으로 해봐야 할지 모르겠네요."

사연의 주인공은 실거주를 마련한 이후 다음 목표 설정을 고민하고 계시는 분입니다. 이 분은 목표 의식이 확실하고 열정을 지니신 분입니다. 이러한 확실한 목표 의식을 바탕으로 5년 만에 무주택에서 남들이 부러워할 만한 실거주 아파트를 소유하게 되었고 그 자신도 부동산 중개 자격증을 딸 정도로 부동산 공부에 매진하였습니다. 여기에, 소중한 2세까지 기르면서. 자신도 밝힐 정도로 짧은 시간에 목표한 것 이상으로 많은 것을 이루었습니다. 하지만, 그것을 이루었던 열정적인 시간에 대한 기억 때문인지 목표를 이루고 나서는 다음 목표를 설정하지 못하고 허무하고 의미 없는 시간을 보내고 있다는 생각이 들었습니다. 특히, 회사 환경이 바뀌면서 회사에서 보내는 시간이 많아졌지만 되려 회사 생활에 흥미를 잃어버리신 것 같습니다. 이에, 갈 곳을 잃은 것 같은 마음을 어떻게 다잡아야 할지를 물어보셨습니다.

● 실거주 달성 이후에 다음 단계로 나아가지 못하는 이유

여러분이 실거주 투자를 결심하는 가장 큰 계기는 무엇인가요? 아이들이 커가면서 살 집을 구하고자 혹은 시장이 상승하기 때문에 등등 저마다 조금씩 다르지만, 공통적이고 가장 단순한 이유를 말하면 내 집 마련을 할 목돈이 생겼기 때문입니다. 이렇게 집을 살 돈이 마련되면 비로소 부동산 공부를 시작합니다. 그리고, 주요 아파트 단지 약어를 외우고 입지, 입주권, 그리고 분양권과 같은 용어들을 접하고 다양한 매매 기술들을 습득하면서 가슴 뛰는 경험을 합니다. 그리고 마침내 모든 가용 자금을 끌어모아 내 집 마련의 목표를 달성합니다.

그렇게 내 집 마련에 성공하고 나서, 얼마 동안은 지역 홍보도 하고 부동산 공부도 계속합니다. 하지만, 영혼까지 끌어모은 투자 후에 다시 종잣돈이 모이기가 쉽지 않다 보니 결국 투자와 공부를 멈추고 자연스럽게 관심에서 멀어집니다. 돈 없는 투자 공부는 재미가 없기 때문입니다. 이렇게 많은 사람이 실거주 목표 달성 후 다음 단계로 나아가지 못하고, 다시 생업으로 돌아갑니다.

● 사실은 아직 부자가 되지 못했다는 것

얼핏 보기엔, 생애의 중요한 행사가 끝났고 나의 임무는 완수했기 때문에 자연스러운 현상으로 생각할 수 있지만 문제는 아직 부자가 되지 못했다는 것입니다. 부자는 쓸 돈과 시간이 많은 사람을 말합니다. 그러려면 팔아서 쓸 자산이 많거나 자산에서 매월 현금 흐름이 충분히 나와주던가, 둘 다 아니면 사업체에서 현금 흐름이 창출돼야 하는데, 내 집을 마련한 것만 가지고는 어느 것도 달성됐다고 보기 어렵기 때문입니다.

자, 그렇다면 실거주를 넘어 부자가 되기 위한 다음 목표를 무엇으로 잡아야 할까요? 여기, 두 가지 목표가 있습니다. 한 가지는, 나에게 끊임없는 동기를 유발할 마르지 않는 투자금을 얻을 방법을 찾아봐야 합니다. 다른 한 가지는, 부동산 투자를 통해 경제적 자유를 이룰 때까지 내 삶을 버텨줄 근로 소득 같은 현금 흐름 또한 있어야 합니다.

제 경우는 마르지 않는 종잣돈을 뿌리 자산에서 오는 전세금 인상과 추가 대출로 만들었습니다. 현금 흐름은 급여를 바탕으로 사업 소득을 더했습니다. '나는 대출 없이 0원으로 소형 아파트를 산다'의 저자, 잭파시님처럼 갭투자로 만드는 분도 있습니다. 이런 식으로 투자를 지속할 기반을 만들어 내는 것이 필요합니다.

● **자기 삶을 책임질 수 있다면 하고 싶은 일을 하는 게 맞다.**

이분에게도 현금 흐름을 위해 현 직장을 유지하면서 마르지 않는 투자금을 마련할 방법을 찾는 것을 다음 목표로 세우라고 조언하면 됩니다. 하지만, 그렇게 가볍게 말할 수는 없습니다. 왜냐하면, 지금 다니는 직장에 더 이상 흥미가 없기 때문입니다. 지금 다니는 회사가 흥미가 없는 이유는 휴직하면서 했던 일들이 재미있었기 때문입니다. 그 재미를 느꼈던 이유는 스스로 발전하고 있다는 느낌, 남의 손이 아닌 내 손으로 무엇인가를 이루고 있다는 자아실현이 충족되었기 때문입니다. 하지만, 빡빡한 직장 생활이 되면서 그 시간을 빼앗기자 자유에 대한 갈증을 느끼신 것 같습니다.

고민의 지점은 여기에 있습니다. 가슴 뛰는 삶을 살기 위해 직장을 나서자니 경제적 위축이 걱정되고, 빡빡한 직장 생활을 계속하자니 마음이 지옥입니다. 직장을 다니면서 자투리 시간을 활용해 투자하기에는 육아 문제가 겹쳐서 힘에 부칩니다. 아이를 키우는 직장인 엄마라면 공감이 될 것입니다. 직장과 육아만으로도 눈코 뜰 새가 없습니다.

이렇듯 어느 한쪽을 포기해야 하는 선택이 주어진다면, 어느 쪽을 선택해야 할까요? 이상과 현실이 부딪치고 생계가 달린 문제라 쉽게 답을 주기 어렵지만, 만약 제가 양자택일해야 하는 처지라면 하고 싶은 것을 선택할 것 같습니다. 어차피 후회할 거면, 안 하고 후회하느니 하고 후회하는 게 낫기 때문입니다. 다만, 이 결정에는 자기와 가족의 삶을 책임지겠다는 결연한 의지가 필요합니다. 배수의 진을 치는 만큼 끝장을 보겠다는 마음이 있어야 합니다. 부동산 투자는 배우고 싶은데 현금흐름이 걱정된다면, 중개나 대출 법인에서 일을 배우는 것도 대안이 될 수 있습니다. 제가 아는 실장님은 경매 컨설팅 법인에 들어가셔서 경매부터 NPL 일반 매매까지 모두 배우고 일하면서 투자 고수가 되었습니다. 박사 과정을 밟고 있었던 다른 지인은 대출 법인으로 취직해서 대출상담사로 일하면서 월 천 이상 벌고, 동시에 대출을 활용해서 자산가가 되었습니다. 지금은, 대출 중계 법인의 대표가 되었습니다.

　지금까지, 실거주 목표 이후 부동산 투자와 관심을 지속하지 못하는 이유와 실거주를 넘어 부자가 되기 위해 무엇을 준비해야 하는 지를 말씀드렸습니다. 실거주 이후 다음 목표에 대한 사연에 답변드리다 보니 직장에 대한 조언까지 이어지긴 했지만 큰 그림에서 보면 부자로 가기 위한 성장통이자 선순환되는 나비효과입니다. 저 역시, 과거 성장과 멈춤의 갈림길에서 고심 끝에 결정했던 몇 가지 선택이 나비효과를 불러와서 여기까지 왔습니다. 일 보 전진을 위한 반보 후퇴가 아니라면, 멈추기보다는 한 발 나아가는 것이 좋은 선택입니다.

1주택자를 넘어 자산가가 되고 싶은데 세금 압박으로 엄두가 안 납니다.

"본인 거주 목적의 1주택을 넘어서야 자산가로 갈 수 있는 길이 열린다는 말을 들었습니다. 하지만, 여야를 떠나 부자증세라는 명분으로 다주택자에 대한 세제 압박이 갈수록 심해지는 상황이다 보니, 실거주 1채 이후 어떻게 방향을 잡고 나가야 할지를 잘 모르겠습니다. 어떻게 해야 할까요?"

이번 상승장을 통해 전국 대부분의 주택 가격이 오르면서 실거주 주택을 소유하신 많은 분이 자산의 가격 상승을 경험하였습니다. 그

중, 일부는 1~2번의 갈아타기를 통해 상급지로 이동하면서 부동산 투자의 원리를 체험하기도 하였습니다. 대한민국 전체에 투자와 부자, 자산가의 열풍이 불면서 자녀에게 물려주고 싶은 50~60대는 물론 자녀에게 좋은 환경을 주고 싶은 30~40대, 그리고 자기가 원하는 삶을 이른 시기에 누리고 싶은 20~30대 싱글족까지 실거주를 넘어 부동산 투자를 통해 자산가의 반열에 오르고 싶어 하고 있습니다.

하지만, 사회 양극화를 막기 위한 부자 증세 차원의 정부 규제 강화와 너무 높아진 주택 가격, 그에 따른 보유세 부담이 가중되다 보니 여간해서 다주택자로 넘어가기가 망설이게 되는 것이 현실입니다. 이러다 보니, 제 책 "내 집 없는 부자는 없다"에서 실거주를 넘어 자산가로 가기 위해 제시한 뿌리, 줄기, 잎의 선순환 투자 시스템이 논리적으로는 타당해 보이지만 현실적으로 적용하기 어려워진 것은 아닌지 문의하는 분들이 보입니다. 이에, 이번 시간에는 현재 시점에 맞는 제가 실천하고 있는 실거주를 넘어가는 투자 포트폴리오 전략을 말씀드리고자 합니다.

● **팔 수 없는 주택은 내 주머니 현금만 사라지게 만든다.**

이번 상승장에서 자신의 주택 가격이 상승하여 가장 기분이 좋은 주체는 정부입니다. 이유는, 집값을 띄워 놓고 나서 그 명분으로 내 주머니의 현금을 털어가기 때문입니다. 잘 생각해 보면, 주택을 팔아서 세후 이익을 취하지 않으면 실질적으로 내 주머니의 쓸 현금은 달라지는 것이 없습니다. 오히려, 내 월급은 그대로인데 재산세니, 보유세니 하면서 들어가는 돈만 많아지고 그만큼 내 쓸 돈은 줄어듭니다. 마치 부자가 된 듯한 기분이지만 허리띠는 더 졸라매게 됩니다.

정부는 다양한 1주택자 보유세 혜택을 강조하며 다주택자에 비해 세금을 적게 내고 있다고 홍보합니다. 하지만, 사는 집을 팔아 현금화할 수 없는 1주택자가 세금으로 허리띠를 졸라매는 상황은 변하지 않습니다. 반면, 다주택자는 실거주 외에 팔아서 현금화할 수 있는 자산이 있습니다. 팔 수 없는 자산과 팔 수 있는 자산을 보유한 것은 세금에 대한 생각을 바꿔줍니다. 팔 수 없는 자산을 보유한 1주택자에게 세금은 근로소득 대비 덜 내기 위해 지켜야 할 자산 보유 한계선이지만 팔 수 있는 자산을 보유한 다주택자에게 세금은 세후 이익이 남는 한 걸림돌이 되지 않습니다.

● **실거주 집과 투자를 위한 집은 개념 자체가 다르다.**

1주택자들이 주택 수를 늘리는 것을 버거워하는 이유는 주택을 사면 팔지 말아야 한다는 고정관념을 가지기 때문입니다. 위에서 말한 대로 팔지 않는 주택은 세금을 먹는 하마일 뿐입니다. 그러므로, 고정관념에서 벗어나 매수해서 시세차익이 나면 매도하여 이익을 실현한다는 생각의 전환을 할 필요가 있습니다.

저 역시, 상승장 초기에 매수한 후 장기 임대 사업자를 해 놓아 보유세 부담이 없는 몇 개의 주택을 제외하면, 보유하고 있는 모든 주택 부동산은 짧게는 1년 이내 길어도 5년 이내에 시세차익을 실현하여 현금을 불리기 위한 목적으로 투자하고 있습니다. 그래서, 이러한 목적의 주택을 투자할 때는, 살 때부터 취득세와 보유세가 최대한 적게 드는 것을 매수하고 있습니다. 예를 들면, 건물 가치가 남아 있지 않은 재개발 빌라나 공시가 1억 이하 주택처럼 세금의 기준이 되는 공시가와 시세 사이의 차이가 커서 보유세를 적게 내거나, 분양권처럼 아직 지어지지 않아서 취득세를 내지 않아도 되는 것들입니다. 만약, 취득세 중과가 해제된다면 일반 주택도 당연히 단기 투자 대상에 포함될 수 있습니다.

이러한 식으로 세후 이익을 실현해 종잣돈을 불리는 목적으로, 보유세 부담을 최소화하면서 주택 수를 늘렸다가 시세차익을 보고 매도하여 현금을 손에 쥐는 식으로 투자를 시작할 수 있습니다.

● **현금을 만들지 못하는 자산은 부자를 만들어 주지 못한다.**

혹자는 이렇게 반문할 수 있습니다.

"사고팔고 하면서 현금을 만들어 봐야 돈 가치만 떨어지지 않나요?"

이러한 질문은 '자산이 많은 사람 = 부자'라는 인식에서 빚어진 질문입니다. 부자는 자산뿐만 아니라 쓸 현금도 많은 사람입니다. 이러한 여윳돈은 부동산, 주식, 사업체 혹은 저작권까지 유무형의 자산에서 나와야 합니다. 부동산으로 부자의 여유를 누리려면, 월세의 형태이든 시세차익의 형태이든 부동산이 내 손에 현금을 쥐여 줄 수 있어야 합니다. 그러려면, 사고 팔아야 합니다.

사고 팔고 하면서 현금화 시키는 것은 쓸 돈을 마련하기 위함이기도 하지만 다음 투자 행위를 준비하기 위함이기도 합니다. 예를 들어, 실현 세후 수익의 10%를 쓸 돈으로 남기고 90%를 재투자한다면 재투자한 돈은 바로 다시 자산에 들어가서 돈 가치 하락을 방어하게 됩니다. 이러한 부동산 재투자를 통해 돈 가치를 방어하면서 시세가 오른 부동산을 팔아서 현금 흐름을 만들거나, 월세를 받는 수익형 부동산을 매수하여 월세 수익을 만들어가는 식으로 보유 자산의 활용도를 넓혀가야 비로소 쓸 여윳돈이 많은 부자의 문턱에 들어설 수 있습니다. 자산을 활용하지 못한다면, 아무리 자산을 많이 모아도 기분만 좋을 뿐 정작 내 호주머니는 비어가는 가난한 자산가가 될 뿐입니다.

지금까지, 1주택자의 한계를 넘어 다주택자로 가기 위해 어떻게 인식을 전환해야 할지를 말씀드렸습니다. 자산은 개수가 중요한 것이 아니라 얼마나 현금 흐름을 만들어 내서 나를 부자로 이끌어 줄 수 있는지가 중요합니다. 그래야, 가난한 자산가가 아닌 진짜 부자가 될 수 있기 때문입니다. 그러기 위해서는 자산은 사고팔아 세후 수익을 실현하는 것이라는 생각의 전환을 해야 합니다. 그러면, 세금이 주는 한계선을 넘어 다주택자의 길을 갈 수 있습니다 세금이 주는 압박감으로 1주택 이상으로 나아가기를 망설이는 분들에게 작은 도움이 되었기를 바랍니다.

부자는 쓸 돈과 시간이 많은 사람입니다. 경제적 자유를 추구한다면 자산은 늘어나는데 생활은 나아지지 않는 가난한 자산가가 아닌 진짜 부자가 될 방법을 찾아야 합니다.

집은 파는 게 아니라 모아가는 거라는데 맞나요?

"다른 전문가들은 집은 파는 게 아니고 모으는 거라고 하는데, 대치동 키즈님의 생각은 어떤가요? 일시적 2주택으로 비과세하고 계속 갈아타는 게 나은지, 아니면 총자산을 늘려가면서 모아가는 것 중 어느 것이 더 낫다고 보나요?"

사연을 주신 분은 일시적 2주택으로 비과세 갈아타기를 준비 중인 분이십니다. 하지만, 부동산 시장의 침체로 인해 비과세 기간까지 갈아타기가 여의찮게 되면서 다주택자의 길 사이에 고민하셨습니다. 그래서, 검색을 통해 전문가들의 견해를 살펴보니, 집은 파는 게 아니고 모으는 것이라는 조언을 들으셨던 것 같습니다. 이에, 저에게 이 조언에 대해 어떻게 생각하는지를 물어보셨습니다.

"집은 모아가야 한다."라는 말처럼 많은 부침과 논란을 겪은 말도 없는 것 같습니다. 2019년까지만 해도 "집은 모아가야 한다"라는 말에 이의를 다는 사람은 많지 않았습니다. 자산 상승 시기였지만 정부의 세금 규제 강도가 세지 않았기 때문에 집을 많이 살수록 이익이었습니다. 하지만, 2020년 이후 종부세 부담이 가중되면서 "똘똘한 한 채"가 유행하였습니다. 집의 개수에 따라 중과되는 제도로 시가 총액이 낮은 다주택자가 시가 총액이 높은 1주택자보다 더 많은 세금을 내야 되었기 때문입니다. 지금은, "똘똘한 다주택"의 시대가 되고 있습니다. 윤석열 정부에서 종부세를 완화해주면서 세금이 경감되었기 때문입니다. 하지만, 부동산 시장이 침체되고 안전 자산에 대한 선호도가 높아지다 보니, 하급지 자산을 매도하여 상급지 자산으로 재조정하려는 현상도 일어나고 있습니다. 이렇듯, 시기에 따라서 그리고 정부의 정책에 따라서 "집은 모아가야 하는 것인지, 아니면 갈아타야 하는 것인지"에 대한 방향은 달라져 왔습니다.

만약, 저에게 "집을 모아가고 있느냐?"라고 물어본다면, 저는 "부동산 자산을 모아가고 있다고"라고 말씀드릴 수 있습니다. 제 포트폴리오에는 물론 집이 여러 채 있고 그 집들이 차지하는 자산의 가액은 크지만, 개수로만 따진다면 지금은 월세를 받는 상업용 부동산이 3~4배 정도 더 많습니다. 이러한 포트폴리오를 구성하게 된 이유는, 제 책 '내 집 없는 부자는 없다'에서 언급한 뿌리-줄기-잎의 자산 시스템을 따르기 때문입니다. 저의 포트폴리오에서 중요한 것은 초기 종잣돈을 만드는 뿌리 자산과 경제적 자유를 만드는 잎 자산입니다. 종잣돈을 불리는 줄기 자산은 어차피 매매할 것이기에 포트폴리오에 올리지 않습니다. 위에서 상업용 부동산이 3~4배 더 많다고 한 연유도, 줄기 자산으로서 주택 부동산은 계산에서 뺏기 때문입니다. 뿌리 자산으로서 주택 부동산만 계산에 넣었습니다.

다시 돌아와, 집을 모아가야 할지 아니면 실거주 갈아타기를 해서 한 채의 가치를 크게 만들어야 할지를 묻는다면, 우선 내가 목표하는 실거주 집이 어떤 집이냐를 결정해야 한다고 생각합니다. 예를 들어, 경기도 A 지역에 사는 어떤 사람이 서울로 이사를 하고 싶어 한다고 가정해 보겠습니다. 자신이 가고 싶은 곳은 목동인데 그곳을 가려면 갈 수는 있지만 자금 부담이 있습니다. 그러한 투자가 부담스러워 2-3순위로 지목했던 지역으로 갈아타기를 하고 남은 소액으로 추가 부동산 투자를 하겠다고 한다면, 저는 목동으로 가라고 말씀을 드립니다. 왜냐하면, 그렇게 해서 타협을 보더라고 결국 미련이 남아 목동으로 가는 것을 다시 알아볼 것이기 때문입니다. 그 과정에서, 중복되어 드는 비용과 노력을 생각하면 차라리 지금 갈 수 있을 때 가는 것이 지름길입니다. 내 재정 상태와 부동산 투자 시기는 항상 바뀌기 때문에 갈아탈 수 있는 시기는 자주 오지 않습니다.

다만, 갈아타기만 하면서 점점 비싼 실거주 주택 한 채만 계속 유지하는 것은 자산의 활용 측면에서 비효율적입니다. 우리가 자산을 모으는 이유는 매매하든 전세를 주든 차익을 남겨서 돈을 불리기 위해서입니다. 그런데, 실거주 주택 한 채는 쉽게 매매하기가 어렵습니다. 투자뿐만 아니라 거주 만족성까지 따져서 가야 하고 대부분 상위 지역으로 갈아타므로 돈을 남기기보다는 돈이 더 드는 행위이기 때문입니다. 즉, 입지와 관계없이 심리적으로 환금성이 떨어지는 자산입니다. 그러므로, 똘똘한 실거주 한 채에 대한 상한선은 언젠가는 적당한 선에서 마무리해야 합니다. 농어촌 주택에서 갈아타기 시작한 사람이 반포 아크로리버파크를 목표로 한다면 그만큼 시간은 오래 걸릴 수밖에 없습니다. 그리고, 평생 집만 보며 살 수도 없는 노릇입니다.

그렇게 실거주를 적절한 선에서 타협해서 조기에 마무리 짓고 나서는 투자용 주택을 늘려야 합니다. 특히, 뿌리 자산으로 집은 어느 정도 의미 있는 초기 종잣돈이 생성되는 수준까지는 모아가야 한다고 생각합니다. 예를 들어, 한 채에서 전세금 인상 등을 통해 2천만 원 정도 종잣돈을 꾸준히 만들어 내는 뿌리 자산이 3채 정도 있다면 5천만 원 이상 초기 종잣돈을 모을 수 있습니다. 5천만 원 이상이면 갭투자나 분양권 등을 단기 매매하여 종잣돈을 불리기에 충분한 돈입니다. 그렇게 줄기 자산 매매를 통해 종잣돈을 불려서 다시 뿌리 자산을 하나둘씩 확보하면서 마르지 않는 초기 종잣돈을 늘려나가고 지속할 수 있는 투자 시스템을 구축하는 것입니다.

여기에 가능하다면, 투자용 뿌리 주택은 한 채당 더 많은 초기 종잣돈을 만들어 내는 우량 자산으로 바꿔 나가면 더 좋습니다. 채 수를 줄여 관리 부담을 줄여나가면서 만들어 내는 초기 종잣돈은 늘려

나갈 수 있기 때문입니다. 예를 들어, 뿌리 자산 50억 채우는 방법에는 공시가 1억짜리 50개도 있지만 공시가 10억짜리 5개도 있습니다. 여기서 나오는 전세금 인상분이 같다고 쳤을 때, 50개를 관리하는 것보다 5개를 관리하는 것이 다 낫습니다. 그리고, 실제로는 공시가 10억짜리 5개에서 나오는 전세금 인상분은 공시가 1억짜리 50개보다 더 많습니다. 그만큼 선호하는 입지에 있으므로 우량 임차인이 많아서 전세금 상승 폭이 크기 때문입니다. 자산으로서 가치가 더 높은 것은 인지상정입니다. 그러므로, 집을 모으더라도 양이 아닌 질적인 측면으로 계속 개선해 나가는 노력을 병행해야 합니다. 집을 모으는 것을 단순히 등기 개수를 모으는 것으로 착각하지 않는 것이 중요합니다. 우리가 최종으로 모아야 할 집은 애물단지 100개가 아닌 좋은 집 10개입니다.

그렇게, 개선하는 과정에서 매수와 매도가 반복되고 집의 개수는 자연스럽게 줄어들게 됩니다. 하지만, 자산 총액은 유지되거나 늘어가는 방향이 됩니다. 이런 측면에서, 집은 파는 것이면서 동시에 좋은 것으로 모아가는 것이라고 이해하시면 되겠습니다. 자산 포트폴리오의 방향에 대해 고민하시는 분들에게 작은 도움이 되시길 바랍니다.

투자 자산으로서 집은 파는 것이면서 동시에
좋은 것으로 모아가는 것입니다.

COFFEE BREAK

이제는 내 집을 뿌리 삼아 부동산 선순환 투자를 고민할 때입니다.

오랜만에 연락이 온 친구가 있었습니다. 예전 회사에서 같이 지낸 동료이자 같은 동네를 나온 친구다 보니 공통 주제들이 많습니다. 친구는 강남 2주택자입니다. 14평 재건축 아파트를 결혼 전에 증여받아서 잠시 살다가 강남 다른 지역으로 가서 전세를 살았는데, 16년에 해외 주재원으로 나가면서 살던 곳에 실거주 한 채를 사놓고 갔습니다. 4년 만에 돌아오니 사놓았던 10억 집은 25억이 되었고 14평 재건축은 33평을 받아 입주를 앞두고 평당 1억이 되었습니다. 당시에 돈이 있었고, 강남에 살았기에 운이 좋았다고 스스로 말했고 저도 어느 정도는 그렇다고 생각합니다. 저 역시도 당시 지금 사는 곳에 살았고 돈이 있었기에 타이밍을 잡았으니 말입니다.

반면, 당시에 같은 곳에 살고 있던 친구의 다른 가족은 그 시기를 잡지 못했습니다. 전문직이었고 벌이가 자신의 5배 이상이었지만 현금 흐름이 풍부해서 그랬는지 자산을 소유할 생각을 하지 않았고 전·월세에 만족했다고 합니다. 그렇게, 서서히 서로의 사정이 벌어지면서 지금은 왕래하지 않게 되었다는 이야기를 듣게 되었습니다.

그렇게 보면, 또 단순히 운이 좋았다고만 치부할 수는 없습니다. 각자 자기 의지로 선택을 한 결과이기 때문입니다. 어쩌면 우리가 이렇게 열심히 부동산 공부하는 이유도 각자의 운을 결정하는 선택을 잘하기 위함이라고 하겠습니다. 지금 이 친구는 강남 2주택에서 종잣돈을 끌어내서 잎 자산인 수익형 부동산을 알아보고 있습니다. 자산을 늘어났지만, 생활이 나아진 느낌을 받지 못했기 때문입니다. 주재원 생활에서 돌아오니 빡빡한 한국 생활이 더 체감돼서 그런 것 같기도 합니다.

친구 이야기를 듣고 다시 한번 실감한 것은 뿌리 자산의 중요성입니다. 부동산 투자를 전문적으로 할 줄 모르는 친구이지만, 마르지 않는 종잣돈을 만들어 내는 뿌리 자산이 있었기에 다음 단계를 생각할 수 있었습니다. 뿌리-줄기-잎으로 이어지는 부동산 선순환 투자의 앞 순서에 뿌리 자산이 위치하는 이유입니다. 이 시간에는 이러한 뿌리 자산에 관해 이야기해보려고 합니다. 여기, 뿌리 자산에 대한 두 가지 질문이 있습니다.

● 실거주도 뿌리 자산이 될 수 있나요?

"대치동 키즈님 안녕하세요! 요즘 다시 대치동 키즈님의 책 '내 집 없는 부자는 없다'를 읽고 있습니다.
투자금도 없고, 투자에 그냥 관심 정도만 있을 때 봤던 책을 요즘 다시 보니 많은 부분이 새롭게 느껴지고 있습니다. 특히 선순환 투자 시스템을 조금만 더 일찍 알았으면 어땠을까 하는 생각을 많이 하게 됩니다.

첫 번째 뿌리 자산에 해당하는 아파트를 임대하여 발생한 투자금으로 줄기 자산/ 잎 자산에 해당하는 상품에 투자한다고 이해하였고, 저 또한 소유와 거주는 분리해야 된다고 생각하고 있습니다. 그래서, 대치동 키즈님이 제시한 선순환 투자 방법을 적용하기 위해 저는 직주근접의 아파트에서 월세살이가 괜찮다고 생각하는데, 아내 입장은 우리 소유의 아파트에서 거주하길 희망합니다.

키즈님이 선순환 투자를 시작했을 당시 실거주를 어떻게 했는지 궁금합니다."

첫 번째 질문을 주신 분은 1주택자입니다. 책 '내 집 없는 부자는 없다'를 통해 뿌리-줄기-잎으로 가는 부동산 투자 시스템에서 아이

디어를 얻어 실천할 계획을 하고 있습니다. 뿌리-줄기-잎 자산 포트폴리오는 근로 소득을 바탕으로 부동산 투자를 통해 자산을 형성하고 경제적 자유를 획득하기 위한 포트폴리오 전략으로, 생애 주기에 따른 내 집 장만을 완성한 이후의 부동산 투자 단계입니다. 전략의 뼈대를 이루는 뿌리-줄기-잎 자산은 다음과 같습니다.

1) 뿌리 자산

최초 종잣돈을 만드는 원천 자산으로 상승장에서는 매매 수요에 의해 자산 가격이 오르고, 하락장에서는 전세 수요에 의해 전셋값이 오르는 부동산입니다. 주로, 전세금을 안정적이고 지속해서 올려 받을 수 있는 실수요가 풍부한 입지에 있는 아파트로 전세금 상승분 혹은 주택담보대출을 통해 종잣돈을 생성합니다. 장기 보유 자산으로 실거주 아파트를 포함합니다.

2) 줄기 자산

뿌리 자산으로부터 받은 최초 종잣돈을 불려서 잎 혹은 뿌리 자산을 사기 위한 역할을 합니다. 그래서 줄기 자산의 주 형태는 1억 원 이하 소액으로 할 수 있는 시세차익 형 상품입니다. 장기 보유 자산인 뿌리 자산과 달리 중단기로 매매하여 종자돈을 불려야 하기 때문에, 재개발, 분양권, 전세 낀 아파트 등 매매 수요가 풍부하고 회전이 빠른 시세차익 형 주택 상품이 대상입니다. 줄기 자산을 운용하기 위해서는 이러한 상품을 매도하여 양도차익을 얻을 수 있는 투자 기술이 필요합니다.

3) 잎 자산

잎 자산의 목적은 경제적 자유를 위한 월세 창출에 있습니다. 그래서 작게는 원룸 오피스텔부터 시작해서 상가, 지식산업센터와 공장, 상가 주택, 꼬마 빌딩 같은 월세 수익형 상품으로 구성되며 뿌리와 줄기 자산을 통해 만들어진 투자금으로 경제적 자유를 이룰 때까지, 뿌리 자산과 더불어 계속해서 모아가는 자산입니다. 투자와 사업을 결합하여 현금 흐름을 극대화할 수 있습니다.

불린 종자돈으로
경제적 자유를 만드는
잎 자산

뿌리로부터 얻은
종자돈을 불리는
줄기 자산

최초의 종자돈을 만드는
뿌리 자산

사연의 주인공은 선순환 시스템을 시작하기 위해 실거주 집을 뿌리 자산으로 활용할 생각을 하고 있습니다. 이를 위해, 책에 나온 대로 전세금으로 종잣돈을 활용하기 위해 실거주 집을 전세로 주고 자신은 월세로 살려고 하고 있습니다. 하지만, 배우자는 본인 소유의 아파트에서 살기를 원하다 보니, 절충안을 고민 중입니다.

저는 실거주 집을 먼저 마련하고 추가 주택을 통해서 뿌리 자산을 만들었습니다. 첫 실거주 집을 완성하고 갈아타기 하는 과정에서 잠시 전세와 월세를 산 적이 있었는데, 내 집이 있었음에도 심리적으로 안정감을 가지지 못했습니다. 특히, 전·월세를 살았던 2014년 전후로 전세 대란이 일어나면서 발을 동동 굴렀던 기억이 있습니다. 그 뒤로, 저와 배우자는 아무리 자산 욕심이 생겨도 전·월세로 갈 생각은 하지 않게 되었습니다. 그렇다고, 내 집을 뿌리 자산으로 활용하는 것을 포기하지는 않았습니다. 내 집을 담보로 일부 대출을 받아서 이를 종잣돈으로 해서 선순환 시스템을 만들기 위한 추가 뿌리 자산 매입에 사용했기 때문입니다. 물론, 그만큼의 원리금 부담이 생겼지만, 상승장 초기의 기회를 살릴 수 있었습니다.

다시 돌아와서, 실거주를 하면서 내 집에서 대출 등으로 종잣돈을 끌어내는 방법이 있다면, 굳이 실거주를 포기하면서 할 이유는 없다고 생각합니다. 뿌리 자산은 담보 가치가 증가하는 자산이면 됩니다. 그 안에서 전세를 주거나, 혹은 추가 대출을 일으켜서 자산을 팔지 않고 추가 종잣돈을 끌어낼 수 있으면 됩니다. 그러므로, 사연자의 경우, 실거주 집에서 추가 대출을 끌어내서 종잣돈을 마련하면 자기 집에서 살기를 원하는 배우자와 절충을 할 수 있을 것입니다.

● **전세 소멸 시대에 뿌리 자산 투자가 여전히 유효한가요?**

"대치동 키즈님의 책을 최근에 읽었는데요. 뿌리 자산 만드는 부분이 아주 인상 깊었는데 최근 전세 시장을 봤을 때 전세의 지속성이 다소 불투명해 보입니다. 이런 상황에도 뿌리 자산 형성 방법으로 책에서 말씀하신 전세가가 계속 오를만한 주택이 가능하다고 보나요?"

뿌리 자산에 대해 다른 분이 주신 사연입니다. 일시적 2주택이신 분으로 기존 주택을 매도한 금액으로 갈아타기를 할지 신규 투자할지를 고민 중인 분입니다. 고민의 답을 찾기 위해 공부를 하던 중, 제 책 '내 집 없는 부자는 없다'를 읽고 뿌리 자산에 대해 인상을 받으셨습니다. 하지만, 최근 금리가 인상되고 임대차 3법으로 전세가가 뛰면서 반전세, 혹은 월세가 늘어나다 보니 전세 제도가 앞으로도 유지가 될까 하는 의문이 생겼습니다. 앞서 말씀드린 데로, 뿌리 자산은 전세금 인상분으로 초기 종잣돈을 만들어 내는 것인데 전세 제도가 무너지거나 없어지면 뿌리 자산의 개념 역시 유효할지 궁금해하였습니다.

저는 오히려 더 유효하다고 생각합니다. 월세는 전세를 살기가 어려울 때 대안으로 선택합니다. 예를 들어, 전세 대출 금리가 월세보다 높거나 전세 인상분을 감당하기 어려울 때, 전세보증금이 없을 때 반전세 혹은 월세 거주합니다. 그러므로, 월세 수요가 늘어나더라도 전세를 살 수 있는 사람들은 존재하기 마련입니다. 하지만, 공급 측면에서는 월세 물건이 많아질수록 역으로 전세 물건이 귀해집니다. 임대차 3법 이후에 공실 매도 증가까지 고려하면 전세 물건은 더욱 귀해집니다. 그러므로, 월세화가 진행될수록 역으로 전세가 인상은 갈수록 쉬워지게 됩니다.

아이러니하게도 전세가 인상 폭이 커지고 전세 대출 규제가 심해질수록 전세 사는 사람들의 생활 수준이 높아집니다. 자기 자본 여유가 있는 사람으로 바뀌기 때문입니다. 무엇이든 수요는 늘어나는데 공급이 줄고 물건이 귀해지면 부르는 게 값이 됩니다. 또한, 전세 제도는 정부가 제도적으로 없앨 수 있는 것이 아닙니다. 이것은 조선시대부터 이어온 거래와 과정에서 생긴 자연법에 가까운 것이라 정부가 개인에게 반드시 월세를 받으라고 강제할 수 없습니다. 이는, 거래의 자유를 침해하기 때문입니다. 당장, 최근 공급 초과를 보이는 몇몇 지역을 보더라도 전세가가 하락하고 매물이 늘어나자 월세 수요는 줄고 있습니다. 월세를 굳이 안 가더라도 금액에 맞게 선택할 수 있는 전세가 많기 때문입니다. 전세 제도가 자연법에 가까운 증거입니다.

이러한, 전세 제도가 무의미해지려면 집값이 물가 상승률만큼도 오르지 못한다는 인식이 확산되어야 합니다. 하지만, 아직 한국의 부동산 시장은 그 단계로 가지는 않았습니다. 그러니, 뿌리 자산을 매입해서 전세금 인상분으로 종잣돈을 만드는 것은 여전히 유효한 계획이라고 할 수 있습니다. 다만, 지금처럼 전세가율이 낮은 시기에는 뿌리 자산을 매입하는 데 돈이 많이 듭니다. 그리고, 전세가 인상률에 대한 규제는 임차인 보호 측면에서 계속 강화될 것이기에 1개의 뿌리 자산을 매입해서 만들어 내는 종잣돈의 크기는 점점 작아질 수밖에 없습니다. 그래서, 효율이 높은 뿌리 자산을 매입하려면 시기를 기다려야 합니다. 그 시기란 바로 공급 초과가 되어 매매가가 낮아지고 하락장이 두려운 사람들이 대거 전세로 전환하면서 전세가가 올라 매매 전세 갭이 작아지는 시점입니다. 이 시기를 놓치지 않는 것이 중요합니다.

지금까지 뿌리 자산에 대한 이런저런 이야기를 말씀드렸습니다. 뿌리 자산은 나의 기초 자산을 만들어 주면서 동시에 초기 종잣돈을 만들어 주는 자산입니다. 이러한 자산을 한두 채만 구축하면 마르지 않는 종잣돈으로 선순환 투자를 시작할 수 있습니다. 이 자산을 싸게 매입할 수 있는 시기가 머지않은 만큼 놓치지 않고 마련할 수 있도록 잘 준비해야겠습니다.

뿌리 자산이 될 수 있는 주택 1~2채면 마르지 않는 종잣돈을 만드는 선순환 투자 시스템을 시작할 수 있습니다.

부동산 하락장에서 살아남기

PART 3
다주택자
어떻게 하면
좋을까요?

5. 부동산 하락장, 매매도, 전세도 안 나가요

매수만 하고 매도한 적이 없습니다. 언제 팔아야 할지 모르겠습니다.

"부동산 하락장을 생각하면 파는 게 맞는데 앞으로 어떻게 시장이 바뀔지 알 수 없으니 어떻게 대처해야 할지 모르겠습니다. 그냥 맘 편하게 지금 팔면 어떨까요? 아니면 완화책이 나오고 나서 파는 것이 나을까요?

저흰 부동산도 잘 모르고 어쩌다가 집값이 올라 이렇게 되어버려 상황판단이 잘 안 됩니다. 집을 사보긴 했지만 팔아본 적이 없어 언제 팔아야 할지 모르겠습니다. 집은 언제 팔아야 하나요?"

부동산 시장이 침체장이 되면서 매도를 고민하는 분들이 늘고 있습니다. 사연의 주인공도 팔아야 할지 말아야 할지를 고민하시는 분입니다. 사연을 읽고 몇 주 전에 통화한 이모 생각이 났습니다. 통화 내용은 다음과 같습니다.

대키즈 : 이모님, 오랜만이에요. 어떤 일이세요?

이모님: 잘 지내지? 다름 아니고, 사는 집을 팔고 옮겨가고 싶은데 지금이 팔 시점인지 잘 몰라서....

대키즈: 파시는 목적이 어떤 것인가요?

이모님: 이모부가 곧 은퇴라 이 집을 팔아 대출 상환하고 노후 자금 마련할 겸 작은 데로 가려고.... 지금 집값도 내려가는 것 같아 불안하니 팔고 싶은데 팔자니 팔고 나서 오를까 봐.... 어떻게 해야 하니?

대키즈: 그곳 작년까지만 해도 시장이 좋아서 팔기 좋았는데 그때는 생각 안 해보셨어요?

이모님: 그때는 더 오를까 봐 팔 생각을 안 했지.... 근데 막상 떨어지기 시작하니 불안하네....

대키즈: 가실 집은 생각해 보셨어요?

이모님: 딱히 생각은 아직 안 해봤는데 지금 있는 곳만큼이면 좋겠어....

이 대화가 시작된 이후로도 2시간여 더 통화를 하였습니다만 사실 통화 초반에 저는 이모님이 팔지 못하시리라는 것을 알았습니다. 예상대로, 나머지 2시간은 해결책을 제시해 드리기보다는 이 집을 사게 된 연유부터 해서 살아온 이야기, 고생 등등 집과 얽힌 사연을 들어드리고 공감하는 데 보냈습니다. 그리고, 갈아타실 만한 곳을 두세 군데 말씀드리고, 찬찬히 둘러보신 후 결정해도 늦지 않는다고 말씀드리고 마무리하였습니다. 물론, 이모님은 결정을 못 하시겠지만 말입니다.

이모님이 팔지 못하는 이유는 머리로는 팔아야 할 것 같은데 가슴으로는 팔고 싶지 않기 때문입니다. 노후 자금을 마련하기 위해서 팔고 작은 평수 혹은 하급지로 이사 가야 한다고 생각하지만, 사실은 지금 사는 곳이 좋고 상급지로서 자부심이 있다 보니 하급지로 내려가거나 작은 평수로 가고 싶지 않은 것입니다. 또 하나 팔지 못하는 이유는 손실 회피심리 때문입니다. 손실 회피심리는 상대적입니다. 한창 상승할 때는 팔면 더 오를까 봐 못 팔고 하락장에서 팔면 다시 오를까 봐 못 파는 심리는 둘 다 남보다 싸게 팔고 싶지 않다는 손실 회피심리에서 옵니다. 그래서, 머리로는 더 손해나기 전에 팔아야겠다고 생각하지만, 가슴으로는 그렇게 팔았다가 더 오르면 속이 쓰릴 것 같아 팔지를 못합니다.

사연을 주신 분의 경우 실거주가 아닌 투자 물건이지만 손실 회피 심리 측면에서는 결이 비슷합니다. 침체된 부동산 시장 분위기와 대출 금리등을 보면 더 안 좋아지기 전에 수익을 확정하고 매도해야 한다고 생각하다가도, 정부 정책 완화 등으로 시장이 다시 풀려서 더 좋은 조건이 되지 않을까 하는 마음에 망설이고 있습니다. 이러한 상황에서 다음 단계로 나아가기 위해서는 어떻게 해야 할까요?

● 매도 결정은 내가 해도 매도 시점은 맘대로 되지 않는다.

매도 문의하시는 많은 분의 사연을 보면 "OO 년 O 월에 매도할 생각입니다."라는 이야기가 많이 나옵니다. 혹은 "OO 때까지 기다렸다가 OO 년 O 월에 매도할까요?"라는 질문을 하는 경우도 종종 있습니다. 이러한 질문을 하는 분들의 공통점은 매도의 경험이 거의 없다는 점입니다. 매수와 매도의 큰 차이점은 매수는 내 맘대로 되지만 매도는 내 맘대로 되지 않는다는 것입니다. 이는 돈과 재화를 맞바꾸는 교환의 특성 때문입니다. 다시 말하면, 돈을 가지고 있는 매수자는 여러 부동산 중 하나를 선택해 교환할 수 있지만 자신의 부동산을 무조건 돈으로만 교환해야 하는 매도자는 매수자가 선택해 주지 않으면 돈을 받을 길이 없습니다.

매도자 우위 시장만 경험해 본 분은 무슨 소리냐고 반문하실 수 있습니다. "돈이 있어도 살 수가 없었다. 부르는 게 값이었다."라고 말할 수 있습니다. 하지만, 설령 그럴 때라도 매수자는 "안 사면 그만"이라며 나중에 더 좋은 것을 사겠다 하고 발길을 돌리면 그만입니다. 하지만, 물건을 팔아야 하는 매도자는 자리를 뜰 수 없습니다.

요즘 시장이 바로 이러한 매수자와 매도자의 차이를 잘 보여주고 있습니다. 그동안 돈이 있어도 살 수가 없었다고 아우성치던 매수자들이 어느 날 갑자기 이제는 너무 비싸니 안 사면 그만이라고 발길을 돌렸습니다. 그러자 그동안 "안 팔면 그만"이 라고 배짱부리던 매도자들이 그게 아니라는 것을 알게 되었습니다. 파리가 날려도 자리를 뜰 수 없다는 사실을 말입니다.

다시 돌아와서, 내 뜻대로 되는 것이 없는 매도자가 할 수 있는 일은 이 물건을 매도할지 아니면 매도를 철회하고 계속 보유할지에 관한 결정 밖에는 없습니다. 이러한 양자택일 선택 중에 매도를 결정했다면 매물을 내놓은 시기는 지금부터입니다. 위의 사연자는 지금 내놓을지 아니면 완화책이 나온 후에 내놓을지를 고민하고 있지만, 사실은 지금부터 내놓으면 간단히 해결될 일입니다. 왜냐하면, 완화책 이후에 내놓는다고 해서 지금 안 팔리는 것이 그때 잘 팔린다는 보장이 없기 때문입니다.

예를 들어, 22년 5월 정부가 양도세 중과 완화한다고 했을 때, 많은 사람이 그때가 되면 매수세가 붙으면서 더 좋은 가격에 잘 팔리리라 생각하고 매물을 거두었습니다. 하지만, 그 사이 시장 상황이 더 안 좋아지면서 양도세 중과 이전보다 더 안 팔리는 거래 절벽이 되었습니다. 오히려, 양도세 중과 여부와 관계없이 팔리는 데로 판 사람이 성공하였습니다.

● **이익의 크기에 집착하면 팔 수가 없다.**

사연의 주인공이 완화책이 나오고 나서 파는 것이 어떤지를 물어보는 것에는 완화책으로 얼어붙은 시장 분위기가 풀리면 지금보다 더 많은 이익을 보고 팔 수 있지 않을까 하는 기대 심리가 깔려 있습니다.

요즘 사연을 주시는 분들이 주로 물어보는 것 중에 하나도 바로 "시장이 좀 풀리고 나서 팔면 어떨까요?"라는 것입니다. 이러한 질문에는 낮은 가격에 팔았다가 나중에 오르면 나만 손해나는 것이 아닐까 하는 손실 회피심리가 깔려 있습니다. 이러한 손실 회피심리는 상대적입니다. 지금 팔아도 이익이 생기지만, 파는 순간에 최고의 수익률을 거두고 싶다는 욕심이 만드는 심리입니다. 자금 경색 등 시급한 금전적 문제가 아니라면, 웬만해서는 산 가격보다 낮은 가격으로 손해 보면서 매도할 생각을 하기는 어렵습니다.

안타깝게도, 파는 순간 최고의 수익률을 거두겠다는 욕심은 상승장이든 하락장이든 실현하기가 불가능합니다. 상승장에서는 어느 시점에 팔든지 간에, 내가 오늘 파는 최고가는 내일이 되면 최저가가 됩니다. 그래서, 최고가에 매도 계약하고 웃었던 매도자들이 잔금 치르러 올 때 표정이 안 좋습니다. 배액 배상이 나오는 이유이기도 합니다. 반대로, 하락장에서는 오늘 가격보다 내일 가격이 더 내려가므로 오늘 파는 순간이 최고의 수익률을 거두는 순간입니다. 하지만, 손해를 보기 싫어하는 사람의 마음은 내일 더 떨어질 것을 생각하지 못하고 이미 내가 손해를 보고 팔고 있다고 느낍니다. 그래서, "나중에 팔면 혹시 시장이 다시 회복되지 않을까?" 하는 생각에 망설이게 됩니다.

이렇듯 "최고의 수익률을 거두고 싶다"라는 욕심은 상승장이든 하락장이든 매도를 망설이게 하다가 시간을 놓치게 합니다. 그리고, "그때 팔 걸~" 하는 뒤늦은 후회를 만듭니다. 그러므로, 팔기로 마음을 먹었다면 이익의 크기에 집착하지 말고 제때 팔고 나오는 것에 초점을 맞추어야 합니다. 그래야, 확실하게 경쟁력 있는 가격을 제시해서 중개사에게 동기 부여를 할 수 있습니다. 아무리 매수자가 발길을 끊은 어려운 시장이라도 확실하게 경쟁력이 있는 가격은 결국은 가장 먼저 선택받게 되어 있습니다. 보는 눈은 다 똑같기 때문입니다.

● 더 매력적인 물건이 나올 때까지 매도를 보류해도 된다.

정 손실 회피심리를 이기지 못하고 매도하고 싶은 마음이 사라진다면, 더 매력적인 물건이 나타날 때까지 매도를 보류하는 것도 방법입니다. 뜬금없는 소리라고 의아해하실지 모르겠습니다만 매도를 해보신 분들은 이해가 될 것입니다. 내가 가진 물건보다 더 매력적인 물건을 보았는데 수중에 돈이 없을 때, 빨리 가진 것을 팔아버리고 싶다는 생각을 한 적이 있을 것입니다. 어떤 분은 어떡해서든 계약금이라도 마련해서 일단 물건 잡아 놓고 잔금일에 맞춰 무슨 짓을 해서든 매도하려고 노력합니다. 매수 물건이 나오기 전까지만 해도 그냥 가지고 있겠다고 생각한 물건인데, 나도 모르게 "빨리 팔려라!" 하고

기도하고 있습니다. 이렇게 태도가 바뀌는 이유는 두 개 물건 사이의 교환 가치를 따지면서 손실 회피심리의 대상이 바뀌기 때문입니다. 다시 말해서, 팔면 손해일 것 같던 매도 물건보다 더 좋은 물건이 나오면서 이것을 사기 위해서는 매도 물건을 안 팔면 손해라는 인식으로 바뀐 것입니다.

제가 매도를 망설이지 않고 할 수 있는 이유는 매도 경험을 통한 학습효과로 손실 회피심리에 무딘 것도 있지만 다음 매수 물건을 찾았기 때문이기도 합니다. 목표한 이익에 도달했을 때도 매도하지만 목표한 이익이 도달하지 않더라도 더 좋은 매물을 발견하였을 때는 교환 가치를 따져 매도 결정을 하게 됩니다.

상급지 갈아타기도 따지고 보면 두 개 부동산의 교환 가치를 따지면서 손실 회피심리의 대상이 바뀌기 때문에 가능한 일입니다. 위에서 예시로 든 이모님이 경우는 반대로 낮춰가는 것이다 보니 손실 회피심리의 대상이 바뀌지 않아 내키지 않은 것입니다. 만약, 작은 평수라도 지역을 상급지로 정해드린다면 이모님의 마음도 쉽게 바뀔 것입니다. 그러므로, 지금 하락장을 맞으면서 가지고 있는 부동산을 처분해야 할 것 같은데 다시 오를까 봐 망설이는 분이 있으시다면, 잠시 매도를 보류하고, 전부터 점찍어 두었던 사고 싶은 매물을 다시 찾아보는 것도 방법입니다. 그리고, 정말 사고 싶은 매물이 나오면 그때 가서 매도하시고 매수하시면 됩니다. 그때가 되면, 언제 내가 그랬나 싶을 정도로 지금 가진 매물을 빨리 팔고 싶어서 몸이 달게 될 것입니다.

요즘 같은 시기, 어떻게 해야 매도를 잘 할 수 있나요?

"현재 조정 지역 2주택 공동명의 소유자인데 세금 때문에 올해 한 채를 정리하려고 합니다. 작년에 보유세를 생각보다 많이 냈고, 올해도 작년만큼의 보유세가 나올 것 같습니다. 이렇게 계속 가져가기는 너무 부담스러워 지금 사는 아파트를 3년 전세 사는 조건으로 매도할까 합니다.

전세 시세보다 조금 더 주고 팔면, 잘 팔릴 것도 같은데, 하락장에서 팔아본 적이 없어 어떻게 해야 할지 모르겠습니다. 전문적인 투자자도 아니고 어쩌다 2주택자가 되다 보니 고민이 많습니다. 요즘 같은 시기에, 집을 팔려면 어떻게 해야 할까요?"

요즘 시기가 시기이다 보니 부쩍 매도에 대해 문의를 하시는 분들이 많습니다. 내용을 보면, 지난해 맞은 종부세 충격으로 일부를 매도하거나 보유 주택들을 정리해서 똘똘한 한 채로 가려는데, 팔리지 않아 하는 문의들입니다. 혹자는, 다주택자면 부동산 투자 좀 해 본 사람일 텐데, 매도도 잘할 것으로 생각할 수 있습니다. 하지만, 2~3채 매수한 경험이 전부인 다주택자들에게 부동산 투자는 여전히 어렵고 미지의 영역입니다. 이 분 역시, 투자 경험이 적은 다주택자로서 어떻게 매도해야 할지를 문의하셨습니다. 이에, 매도하는 방법을 말씀드리려고 합니다.

● 매도의 목적부터 정하자.

우선, 매도의 목적을 분명히 할 필요가 있습니다. 매도의 목적은 상승장과 하락장에서 달라질 수 있습니다. 매수자가 달려드는 상승장에서 매도 목적은 시간이 걸리더라도 높은 가격을 받고 파는 것입니다. 하지만, 매수자가 뜸한 하락장에서 매도 목적은 원하는 가격보다 낮더라도 적기에 빠져나가는 것입니다. 시기를 놓치면 아예 사는 사람이 없어지는 거래 절벽을 맞을 수 있기 때문입니다.

● 매물이 많은 중개소를 찾아 매매 가격을 가늠하자.

이렇게 목적이 정해지면, 팔릴만한 가격을 정하는 것이 중요합니다. 상승장에서는 내가 원하는 가격이나 호가를 따라가면서 여유를 가지고 매수자를 구해도 되지만, 하락장에서는 다른 매물보다 경쟁력 있는 가격을 선보여야 내 매물이 중개소 리스트 위에 올라갑니다. 그렇다고 해서, 터무니없이 낮은 가격에 던질 수는 없으므로 지역 사정에 밝고 가격 감각이 있는 중개소 몇 군데에 연락해서 팔릴만한 가격을 가늠해 봐야 합니다.

그렇다면, 어떤 중개소가 가격 감각이 있는 중개소일까요? 정답은 많은 매물을 가지고 있는 중개소입니다. 특정 지역 혹은 단지의 매물을 많이 가지고 있다는 것은 매도자들이 그 중개소에 많이 의뢰한다는 것을 방증합니다. 얼핏 생각하면 매물을 많이 가지고 있는 곳에 매물을 의뢰하면 내 매물에 관심을 가지지 않을 것 같지만, 사실은 반대입니다. 영업력이 좋아서 매물을 많이 확보한 것으로 볼 수 있습니다. 실제로, 단체 문자를 보내보면, 매물을 많이 가지고 있는 곳에서 더 적극적으로 답변이 오고 관심 가지는 경우가 많습니다. 또한, 매물이 많은 곳에 매수자들도 많이 모여듭니다. 물건이 많아야 입맛에 맞는 것을 찾을 수 있고 중개소도 입맛에 맞게 제안할 수 있기 때문입니다. 맛집에 사람이 모이는 것과 같은 이치라고 볼 수 있습니다.

매물이 많은 중개소는 네이버 부동산 등에서 쉽게 찾아볼 수 있습니다. 내 매물이 있는 지역이나 단지를 찾은 후 매물을 검색해서 가장 최근 매물을 올린 중개소들을 찾아보면 됩니다. 상식적으로 가장 최근 매물을 올린다는 것은 최근까지 매물 접수 의뢰가 들어오고 있다는 방증입니다. 중개소를 찾았다면 할 일은 전화를 걸어서 매도 의사를 밝히고 거래할 수 있는 가격을 협의하는 것입니다. 이때, 주의할 점이 있습니다. 중개소들은 거래할 수 있는 가격을 낮추어서 말하는 경향이 있다는 점입니다. 이는 당연한 것으로, 매도자에게는 비관적으로 말해서 매물 가격을 낮추고 매수자에게는 반대로 말해서 기대 가격을 높여야 거래를 성사하기 수월하기 때문입니다. 그러므로, 거래할 수 있는 가격을 가늠하려면 한 군데 보다는 두세 군데 전화해서 평균치를 확인하는 게 좋습니다.

● **높은 중계수수료보다 낮은 매도 가격이 더 효과적이다.**

하락장에서 매도자들이 흔히 하는 착각 중 하나는, 중개 수수료를 더 드린다고 하면 내가 원하는 호가에 팔아주지 않을까 하는 것입니다. 상승장이라면 웃돈을 얹는 매수자들이 많으니 가능할 수 있습니다. 하지만, 매수자들이 우위인 하락장에서는 매도 가격을 깎은 매수자는 있어도 웃돈을 얹는 매수자는 없습니다.

그러므로, 중개소로서는 법정 수수료를 받더라도 팔 수 있는 경쟁력 있는 가격의 매물을 의뢰받는 것이 더 낫습니다. 경쟁력 없는 가격을 주고 수수료 많이 준다고 해 봐야 어차피 안 팔리면 의미가 없기 때문입니다.

한 가지 더 팁을 드리자면, 어느 정도 거래할 수 있는 가격선에 다다랐다면, 내릴 수 있는 가격 여지를 전부 최초 제시 가격에 반영하지 말고 일정 부분은 협상의 여지로 남기는 것도 방법입니다. 하락장에서는 보이는 가격을 보고 매수자가 붙었다고 해도 추가 협상을 원할 가능성이 높기 때문입니다.

● **매도는 낚시와 같다.**

이렇게 몇 군데 중개소를 통해 가격선을 정했다면, 그다음 할 일은 이를 문자로 정리해서 최대한 많은 중개소에 뿌리는 것입니다. 하락장에서 매도는 물고기가 많지 않은 낚시터에서 낚시하는 것과 같습니다. 한 마리의 물고기를 낚기 위해 낚시꾼들이 수십 개의 낚싯대를 드리우고 온종일 앉아 있는 것처럼, 하락장 매도 역시 단 한 명의 매수자라도 만나기 위해서는 최대한 많은 중개소에 매물을 내놓아야 합니다.

문자를 띄우고 나서는 주기적으로 관리해야 합니다. 낚시꾼들은 낚싯대를 드리운 채 마냥 앉아 있지 않습니다. 일정 주기로 낚싯대를 걷어 올려서 미끼를 확인하고 다시 던지는 행위를 반복합니다. 매도도 마찬가지입니다. 일주일에 한 두 번은 중개소에 전화해서 내 매물이 경쟁력을 유지하고 있는지 확인하면서 동시에 중개소에 각인시켜 줘야 합니다. 매물이 많은 중개소로서는 손님이 왔을 때 아무래도 한

번이라도 더 머릿속에 각인된 매물을 기억해 내기가 쉽습니다.

다만, 매일 전화해서 물어보는 것도 썩 좋지는 않습니다. 급하다는 인식을 주면 역이용당할 수 있기 때문입니다. 경험상 일주일에 한두 번 정도면 적당한 것 같습니다. 이 정도만 해도 대부분 매도자와 차별화할 수 있습니다.

● 매수자가 지나갔다고 실망하지 말자. 영점을 잡은 것이다.

기다림의 시간은 인고의 시간입니다. 오랫동안 소식이 없다가 한두 번 매수자가 붙었다가 떨어지고 나면, 마치 시험에서 낙방한 것처럼 아쉽고 가격이 너무 높은 것 아닌가 하는 불안감이 생깁니다. 하지만, 매수자가 붙고 있다는 것은 내 가격이 영점을 잡았다는 말입니다. 오히려, 이럴 때 불안감에 가격을 낮추어 버리면 오히려 하자 있는 물건으로 오해받을 수도 있으니 참을성을 가지고 기다려야 합니다.

● 계좌 주는 것에 망설이지 말자.

협상의 마무리는 매도자의 계좌를 주는 것입니다. 그런데, 의외로 머뭇거리는 사람이 많습니다. 팔고 싶어서 내놓았는데 막상 팔린다고 생각하니 손해 보는 것 같고 왠지 조금 더 기다리면 시장 분위기가 바뀌면서 좀 더 비싸게 팔 수 있지 않을까 하는 막연한 생각이 들기 때문입니다.

급등기의 시장이라면 계좌 주는 것에 인색해도 괜찮겠지만, 안타깝게도 지금은 언제 또 매수자를 만날지 모르는 하락장입니다. 조금 더 기다리면 시장 분위기가 바뀔 것 같지만 그것은 시장과 무관한 나의 바람일 뿐입니다. 그래서, 팔기로 마음먹었고 매수자와 협의가 끝나면 뒤돌아보지 않고 계좌를 건네주는 것이 마음 편합니다. 이번에 못 번 것은 다음번에 더 벌면 됩니다.

● LH에 파는 방법도 있다.

내가 가진 주택이 조건에 맞는다면 LH에 팔 수도 있습니다. 바로, LH에서 하는 주택매입제도를 통해서입니다. LH에서는 청년과 신혼부부를 위한 공공임대주택을 운영하고 있는데, 이러한 주택을 확보하기 위해서 주기적으로 기존 주택을 매입하고 있습니다. 주택 유형은 전용면적 85제곱미터 이하인 다가구 혹은 공동주택(다세대, 연립, 아파트), 도시형 생활주택, 주거용 오피스텔이 대상입니다. 조건은 다음과 같습니다.

> 동별 매입 접수 및 매입을 원칙으로 하되, 아래의 경우 호별 매입 신청이 가능

- 집합건축물 중 한 동을 일괄 신청하는 경우
- 공사가 기존에 매입한 공동주택의 잔여 세대를 일괄 신청하는 경우
- 건물(단지) 규모가 150호 이상인 아파트로서 다음의 경우
 (신혼부부형) 동일 소유자가 1호 이상 신청하는 경우
 (청년, 기숙사) 동일 소유자가 10호 이상 신청하는 경우
- 건물 규모가 30호 이상인 다세대, 연립주택으로서 동일 소유자가 10호 이상 신청하는 경우

② (유형별 면적 기준)

전용면적 (주거면적)	(일반가구용) 전용 20㎡ ~ 85㎡	
	(청년기숙사) 전용 16㎡ ~ 60㎡	기숙사형은 동별 또는 층별 매입
	(신혼부부 I) 전용 36㎡ ~ 85㎡	투룸 이상 주택
	(신혼부부) 전용 36㎡ ~ 85㎡	투룸 이상 주택
	(다자녀가구) 전용 46㎡ ~ 85㎡	투룸 이상 주택
	(공공 전세) 전용 50㎡ ~ 85㎡	주기 실사용면적 60m이상, 방 3개 이상주택으로서 기존 입주자가 없거나 매매계약 체결 후 잔금지급일계약일로부터 2개월 이내까지 기존 입주자 퇴거가능주택

매입 대상 지역은 주로 수도권으로 LH 청약센터 홈페이지에서 주택 매입 공고를 검색하면 자세히 알 수 있습니다.

지금까지 하락장에서 해볼 만한 매도의 기술을 말씀드렸습니다. 시장은 매수자와 매도자가 만나서 거래를 하는 곳입니다. 거래하지 않는 시장은 존재할 수 없습니다. 부동산 시장이 아무리 어렵다고 해

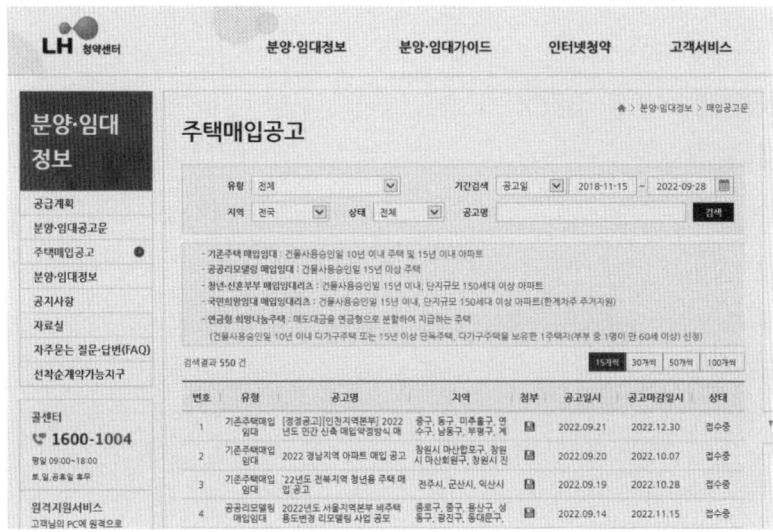

출처: LH 청약센터 홈페이지

도, 그 안에서 거래는 일어나기 마련입니다. 우리에게 필요한 것은 매수세가 아닌 내 물건을 사 줄 단 한 명의 매수자입니다. 그 한 명을 잡기 위한 노력을 한다면, 충분히 매도의 기회를 만들 수 있습니다.

매도는 낚시와 같습니다. 우리에게 필요한 것은 매수세가 아닌 내 물건을 사 줄 단 한 명의 매수자입니다.

전세를 빼기 위한 팁은
무엇이 있을까요?

"매도 후 비과세요건을 받으려 했지만, 너무 가격이 내려가서 팔 수도 없는 상황입니다. 충분히 싸게 샀고, 가치 있는 것이기에 그냥 가져가고 전세금을 받아 투자하고자 합니다. 다만, 지금은 전세가 잘 안 나가는 상황이라 전세 상승을 기다리는 것이 맞는지 아니면 전세가를 내려서라도 빼야 할지 고민됩니다.

혹시, 전세를 잘 빼기 위한 팁은 무엇이 있을까요? 전세가도 현실에 맞게 내려야 하겠지만 그 외 팁이 있다면 알려주시면 감사하겠습니다."

이번 사연은 전세를 어떻게 뺄지 고민하는 분입니다. 비과세 요건을 받으려 했지만, 너무 내려간 매도 가격으로 인해 매도하는 대신 전세를 받기로 하셨습니다. 사연에서는 밝힐 수 없지만 보유하신 매물로 보았을 때, 누적된 공급이 조금씩 해소되는 시기가 다가오고 있는 곳이라 지금 매도하기보다는 전세를 놓고 여유를 가지고 매도 시기를 저울질하는 것이 낫다는 판단이었습니다.

이제 남은 것은 전세를 빼는 것인데, 몇 가지 해당 지역의 구조적이고 정책적인 문제로 전세 공급이 많다 보니, 전세를 빼기가 수월치 않아서 사연을 남기셨습니다. 이에, 어떻게 전세를 뺄 수 있을지, 혹은 기다려야 할지 문의하셨습니다. 최근 사연에서 많은 질문이 들어오는 것이, 바로 매도할지 아니면 전세를 한 바퀴 돌리고 매도 시기를 늦출지입니다. 시장 불안감으로 처분해야 할 것 같은데, 뜻대로 매도가 되지 않으니 전세라도 돌릴까 고민하는 것입니다. 그런데, 또 전세를 돌리자니 곧 다시 시장 상황이 좋아져서 매도가 수월해지면 어쩌다 하는 불안감도 생깁니다. 전세 때문에 발목 잡혀서 시기를 놓칠까 싶습니다.

이러한 질문이 오면, 말씀드리는 것이 매도와 전세를 둘 다 내놓으라는 것입니다. 사실, 침체장 혹은 하락장에서 이러한 고민은 '떡 줄 사람은 생각도 안 하는 데 나 혼자 김칫국 마시는 것'과 다를 바 없습니다. 매수자나 전세자는 내 집에 관심이 없는데, 나 혼자 매도할지 아니면 전세 놓을지 고민해 봐야 소용이 없기 때문입니다. 그러므로, 매도와 전세 중 어떤 것을 내놔도 무방하다면 이 둘을 다 던져 놓고 먼저 걸리는 것을 하면 됩니다. 매도를 하던 전세를 놓던 투자금이 회수되는 것은 마찬가지이니 내 목적은 달성할 수 있습니다.

전세를 놓았다가 나중에 시장 상황이 좋아져서 매도가 수월해지면 어쩌냐는 불안감은 내려놓으셔도 됩니다. 매도가 수월해질 정도로 시장 상황이 좋아진다면 전세 낀 내 물건도 팔릴 수 있는 차례가 돌아옵니다. 매물이 팔려서 빠지는 모습이 눈에 띄기 시작하면 오히려 매수자들이 마음이 급해서 전세 낀 물건이라도 잡으려 할 것이기 때문입니다. 천천히, 지난 2년간의 기억을 잘 되새기시면 수긍이 가실 것입니다.

다시 돌아와, 전세를 놓기로 했다면 이제 상대방을 알고 나를 알 시간입니다. 전세 빼기에서 상대방은 전세 세입자입니다. 그러므로, 전세 세입자 관점에서 무엇을 원하는지를 알 필요가 있습니다.

● 전세 세입자는 인테리어 된 집을 선호한다.

공급 초과인 곳에서 전세를 빼려면 전세 세입자의 입맛에 맞춰야 합니다. 전세 세입자가 좋아하는 조건은 인테리어 잘 되어 있는 집을 내 돈 적게 들여서 들어가는 것입니다. 만약, 그러한 매물이 없다면 전세 세입자는 조금 더 주더라도 인테리어 되어 있는 집을 선호합니다. 어차피 전세금은 돌려받는다고 생각하기 때문입니다. 그러므로, 전세를 놓을 집에 인테리어가 부실하다면 인테리어를 조건으로 매물을 내놓을 필요가 있습니다. 최근 젊은 부부들 경우에는 집주인 인테리어 대신 셀프 인테리어를 선호하는 경향이 강하므로 O 백만 원 정도 셀프 인테리어할 비용을 지원해 준다든가 하는 조건을 내걸 수도 있습니다.

셀프 인테리어를 원하지 않는 집주인이라면, 적어도 싱크대와 문, 화장실 진열장 등을 시트지 등으로 리폼하고 등, 조명 스위치, 문손잡이 정도 교체하면 적은 비용으로 분위기를 바꿀 수 있습니다. 커튼 대신에 블라인드로 교체하고 조명 시장에 가서 최신 디자인을 저렴하게 사서 달면 젊은 감각으로 분위기를 바꿀 수 있습니다. 인테리어를 보는 주체는 여성들이기 때문에 그들이 눈여겨보는 부분만 감각적으로 해결해 주면 됩니다. 굳이 풀 인테리어에 수천만 원을 쓸 필요가 없습니다.

● 저금리 주택도시기금 대출을 활용하게끔 만들자.

최근에는 전세 대출 금리가 상승하면서 이자율이 낮은 주택도시기금 신혼부부 전세(수도권 2억, 비수도권 1억 6천 한도)나 LH 전세(수도권/광역시 1.1억 한도, 기타 0.7억)를 문의하는 전세 세입자가 크게 늘었습니다. 신혼부부 조건이 결혼 7년 차까지이므로 사실상 미취학 아동이 있는 집까지 해당입니다. 25~29평, 전세가 2-3억이나 월세 보증금 2억 미만으로 세를 놓을 수 있는 분이라면 이 수요를 잡을 필요가 있습니다.

예를 들어, 주택도시기금 전세를 받고 자기 돈 5천 정도 더해서 들어갈 수 있는 전세 조건을 만들어 준다거나, 보증금 1-2억에 10~30만 원 정도의 저렴한 월세를 받는 조건으로 임차를 세팅할 수 있다면 이러한 세입자의 구미를 당길 수 있을 것입니다. 부동산 법인 투자자 사이에서 유행했던 공시가 1억 이하 아파트 갭투자도 이러한 공공기관 대출 조건을 활용한 사례들이 많습니다. LH 전세자금 대출 1인 거주 한도인 1억 2천에 맞춰서 매매-전셋값 사이 갭을 최소화하기 위한 투자를 하기 위해 1억 2천짜리 매물을 찾는 식입니다. 아무래도, 이러한 전세를 찾는 사람들이 이러한 공공 대출받을 자격 조건에 가까워서 그렇습니다.

신혼부부 전세자금 대출은 한도가 올라가는 추세입니다. 청년과 신혼부부의 경우 버팀목 전세대출 한도가 22년 10월부터 확대됩니다. 청년은 현행 최대 7,000만 원인 한도가 2억 원까지 늘어납니다. 신혼부부는 수도권의 경우 2억 원에서 3억 원으로, 지방은 1억 6,000만 원에서 2억 원으로 한도가 늘어납니다. 이를 계산해서 전셋값 세팅한다면 더욱 경쟁력 있는 매물이 될 것입니다. 추가로, 세입자 중개 수수료 중 일부를 집주인이 대신 내주겠다는 제안까지 덧붙이면 경쟁력은 높아질 것입니다.

● 전세 약세장에서는 성수기, 비수기를 따지지 말고 내놓자

전세 약세장에서는 성수기가 온다고 해서 전세금을 올려 받기 쉽지 않습니다. 조건을 만들었다면 성수기를 기다리지 말고 일대 부동산에 전부 문자를 보내서 낚시해야 합니다. 문자를 보내고 나면 관심 있는 부동산에서 답 문자를 합니다. 그러면, 답 문자를 한 부동산 중심으로 전화 모니터링을 하면서 소통해서 나의 매물을 계속 각인시켜 줄 필요가 있습니다.

거래해 온 데가 있어 다른 중개소에 매물을 내놓기가 미안하다면 1~2주 말미를 주면서 그 기간 동안은 단독으로 드리지만, 그 이상이 되면 양해를 구하고 다른 데도 올리겠다고 하시는 것이 마음이 편합니다. 다시 말씀드리지만, 전세 임차인 구하기는 한 명만 구하면 되는 낚시와 같기 때문에 낚싯대를 많이 드리우는 것이 효과적입니다.

● **전세가를 올리고 대출 이자를 지원하는 것도 방법이다.**

"입주장 전세 최저가보다 O 천 더 받는 대신 더 받는 금액에 대한 전세 기간 이자를 지원해 드렸어요. 왜냐하면, 전세는 보통 대출 받아서 하시기 때문이에요. 그래서, 더 대출 내시는 만큼 이자보다 높은 이자를 드린다고 했더니 생각보다 좋아하시더라고요. 물론, 입주 청소나 줄눈 같은 것은 당연히 해드려야 하고요."

지인이 알려준 입주장에서 전세 맞추는 법입니다. 입주장으로 낮아진 전세가 보다 더 받고 전세 기간 이자를 지원해 주는 방법을 썼더니 효과를 봤다는 내용입니다.

입주장에서 전세를 맞추기 어려운 이유는 전세 수요에 근본적인 원인이 있겠지만, 잔금 낼 돈에 맞춰 전세를 받아야 하는데 전세 물량이 폭증하면서 낮아진 전세가가 기대에 못 미치기 때문이기도 합니다. 그러다 보니, 눈물을 머금고 최저가로 빼거나 아니면 시세가 올라올 때까지 기다리는데, 후자의 경우 잔금 기한이 다가오는데 뒤로 갈수록 전세 물량은 쌓이니 심리적 압박이 심합니다. 이럴 때, 위와 같은 제안은 전자와 후자 사이의 절충안으로 써먹기 좋아 보입니다. 입주장 전세로 고민하시는 분들은 한 번 해보시면 어떨까 싶습니다.

● 가위를 매달아 보자

전세 약세장에서는 할 수 있는 것은 다 해봐야 합니다. 예전부터, 매도를 치거나 공실을 빼기 위해 가위를 부엌이나 현관 앞에 거꾸로 매달면 효과 있다는 이야기가 있었습니다. 밑져야 본전이니 한 번 해보시길 추천합니다.

지금까지 전세 약세장에서 전세를 빼볼 만한 방법을 알아보았습니다. 하락장이 계속되고 매매 심리가 꺾이면서 전·월세로 가려는 수요가 조금씩 늘고 있지만, 아직은 전세도 전세 세입자 우위 시장입니다. 여전히 입주장이 곳곳에서 이루어지고 있고 집주인 역시 잘 안되는 매매 대신 전·월세로 돌리는 추세여서 공급 역시 계속 나오고 있기 때문입니다. 그러니, 전·월세 역시 마냥 기다리기보다는 할 수 있는 최대한 조건을 맞추어 가면서 선택받을 수 있도록 노력해야 합니다. 그렇게 일단 급한 불을 끄고 자금 숨통을 틔우고 시간적 여유를 가지고 나면, 시장이 주는 매매의 시기를 기다릴 수 있습니다.

느닷없는 소나기가 오는데 우산이 없으면, 일단 들고 있던 신문이라도 펼쳐서 비를 피하고 볼 일입니다. 전세 맞추는 데 고민이신 분들에게 작은 도움이 되었으면 합니다.

마음이 힘든 이 시기에
어떤 자세로 어떤 노력을
해야 할까요?

"부동산 시장이 좋을 때 겁 없이 매수했습니다. 어느 정도 시세차익이 생기면 매도하려고 했는데 시장이 이렇게 바뀔 줄은 몰랐습니다. 매도는커녕 매수한 금액보다 떨어질까 하루하루가 걱정입니다. 매도 대신 전세 한 바퀴 더 돌릴까도 생각 중인데, 전세 매물도 쌓이다 보니 이마저도 쉽지 않습니다.

이왕 이렇게 된 거, 앞으로 길게 보고 매도 후 다시 투자할 수 있도록 공부 중입니다. 지금 소액투자라도 찾아보며 투자해보려고 하는데 이리 하는 것이 맞는 걸까요? 아니면 묵묵히 공부해가며 다음 기회를 노리는 것이 맞는지 고민입니다. 소액투자를 하더라도 다 빚이니까요. 매도 시기가 너무 많이 남아서 이렇게 지내도 되나 걱정입니다. 이런 시기에 어떤 마음가짐으로 어떤 노력을 해나가야 할까요?"

이번 사연은 부동산 시장이 바뀌면서 투자한 것들이 물려 있는 분의 고민입니다. 이 분은, 여느 투자자들처럼 대출을 활용해 종잣돈을 만들어 20년부터 부동산 투자를 시작하셨습니다. 투자할 당시에는 올해 매도하고 뭉쳐서 상급지 이동을 계획했었는데 투자한 곳들이 공교롭게도 올해부터 입주장을 맞이하면서 상승분을 대부분 반납하고 말았습니다. 더불어, 매수세도 끊기면서 매도도 어려워졌습니다.

이왕 이렇게 된 거 장기로 길게 보기로 하고 시간적 여유를 가져 보려고 하였지만, 투자한 곳들의 사정을 들을 때마다 그리고 매달 나가는 대출 이자를 볼 때마다 손해를 보는 것 같은 불안함에 심적으로 힘들었습니다. 그래서, 조금이라도 만회할 생각으로 남은 종잣돈으로 소액투자를 해야 할지 고민이 된다는 내용입니다. 그리고 이럴 때, 마음 관리를 어떻게 해야 할지를 물어보셨습니다.

아마도, 이 사연만큼 요즘 투자자들의 공감을 사는 사연은 없을 것 같습니다. 부동산 투자를 하는 사람이라면 종잣돈 마련을 위해 신용이든 담보든 대출받지 않은 사람이 없고, 투자한 물건 중 지금 시장에서 물리지 않은 사람이 없을 것이기 때문입니다. 특히, 2020년부터 투자에 뛰어드신 분들은 심적으로 매우 힘든 상태입니다. 입주장이 몰리고 급매가 출현하는 지역의 최근 실거래가는 2년간의 상승분을 반납한 경우가 대부분이기 때문입니다.

사고 나서 바로 오르지 않아도 불안한데 올랐다가 다시 제자리로 돌아왔을 때의 감정은 손실감을 넘어서 허무함까지 느껴집니다. 이왕 이렇게 된 거 "부동산 투자는 장기로 보면 이긴다."라고 하니 만회할 때까지 한번 버텨보자고 마음을 다잡아 봅니다. 하지만, 투자한다고 대출 받아쓴 돈에 대한 이자까지 청구되는 날이면 답답함에 투자한 부동산이 계륵처럼 느껴집니다. 누군가 "이럴 때, 공부해야 한다."라고 하니, 책상에 앉아서 심호흡하고 블로그나 책을 뒤져보지만 답답하고 어지러운 마음에 눈에 들어오지 않습니다. 대출 이자가 눈에 밟히다 보니, 얼마 남지 않은 투자금이나 추가 대출을 받아서 주식이나 O 백 띄기라도 할만한 소액 부동산 투자를 알아보지만 이 또한 내키지 않습니다. 이렇게 상념에 사로잡혀 있을 때쯤, 우연히 본 주식방송이나 주변에서 누가 한 이야기가 귀에 꽂힙니다. 그리고, "나도 여기에 투자해볼까?"라는 생각에 이릅니다.

어떠신가요? 개개인의 심적인 어려움을 제가 충분히 묘사할 수는 없지만, 어느 정도는 감정 이입이 되시지 않았나 싶습니다. 제가 이 미묘한 감정을 표현할 수 있는 이유는, 저 역시 지난 장에서 물린 채 반 토막 난 자산을 10년간 보유하면서 이 모든 감정의 소용돌이를 다 경험했기 때문입니다.

당시 소유하고 있던 부동산은 정말 계륵같이 느껴졌었습니다. 2007년에 사고 난 직후에는 수천만 원이 더 올랐습니다. 하지만

2008년부터 분위기가 심상치 않더니 순식간에 폭락하기 시작했습니다. 결국 2년도 채 되지 않아 매매가가 반 토막이 나고 전세가에 붙으면서 집어넣었던 종잣돈은 0원에 수렴하였습니다. 언제 회복될지 모르는데, 종잣돈을 마련하기 위해 회사에 빌렸던 대출금에 대한 이자는 매월 월급에서 빠져나갔습니다.

들어가 살 수 있는 집도 팔 수 있는 집도 아니었는데 집이 있는 것이 되다 보니, 신혼부부 특공은 언감생심이고 1순위 자격도 되지 않아서 청약은 꿈도 꾸지 못했습니다. 신혼 자금으로 쓸 돈도 묶이다 보니, 신혼살림을 꾸릴 선택지도 없었습니다. 답답한 마음에 상념에 사로잡혀 있을 때쯤, 우연히 본 주식 방송이나 주변에서 누가 한 이야기가 귀에 꽂혔습니다. 홀린 듯이 "나도 여기에 투자해볼까?" 하며 묻지 마 투자를 하였습니다. 그렇게 손실을 만회해 보고자 남은 돈을 긁어 덤볐던 주식에서도 해당 회사가 부도 위기에 휘말리면서 상장폐지까지 당하였습니다.

지금은 이렇게 사연을 접하고 조언을 드리고 있지만, 그때는 그저 갈대와 같이 나약하고 자존감이 떨어진 한 인간에 불과했습니다. 감정에 사로잡히면 이성은 마비가 됩니다. 사기꾼이 왜 마음이 힘든 사람에게 접근하는지 그때를 생각하면 충분히 이해가 갈 정도입니다. 그렇게 일련의 사건을 겪으면서 자존감 하락을 깊이 경험하였습니다. 오죽하면 한국에서 더 이상 희망이 없다고 생각해 다 정리하고 해외 이민까지 가려고 했겠습니까? 부자가 아닌 사람이 해외 이민 가는 이유를 그때 알게 되었습니다. 그때는 지금의 제가 있으리라고는 감히 상상조차 하지 못했습니다. 그래서, 세상일이 알 수 없는 것인지 모르겠습니다.

사람들은 부동산 투자를 쉽게 생각하지만, 절대 쉽지 않습니다. 엉뚱한 물건에 투자해서 어려운 사람은 생각보다 많지 않습니다. 그보다는 사연을 남겨 주신 분처럼 시간을 이기면 오를 수 있는 정상적인 물건에 투자하였지만 그사이 다가온 하락장에서의 심리적 어려움을 감당하기가 어렵기 때문에 투자가 어려운 것입니다. 저는 그 부침의 시간을 일상의 삶을 살아가면서 견뎌냈습니다. 부동산과 주식으로 말아 먹은 빚도 있었고 외벌이라 월급으로 모을 방법이 당장은 없었습니다. 하지만, 배우자와 일상의 소소한 일들을 해 나가고, 회사 일에 몰두하면서 하루하루를 보내다 보니, 어느새 퇴직금처럼 목돈을 마련할 방법도 생기고 반 토막 나던 자산도 회복하면서 재기를 할 수 있었습니다.

경험해보니, 마음이 힘든 상태에서 손실을 만회해 보고자 덤벼든 투자는 또 다른 손실로 이어집니다. 왜냐하면, 여유로운 마음에서 하는 것이 아니라 반드시 이익을 봐서 만회하겠다는 생각으로 인해 심리적으로 더 흔들리기 때문입니다. 손실을 만회하고자 투자한 물건들이 내 마음을 알아줘서 막 오르고 그러면 너무 좋겠지만 아쉽게도 그렇지 않습니다. 그러므로, 지금은 손실을 메우려는 아쉬운 마음에 이런저런 데 투자금을 찔러 넣기보다는 우선 먼저 일상을 살아가는 것이 중요합니다. 가족과 시간도 많이 보내시고 작은 행복거리도 챙기면서 투자가 아닌 즐거움을 찾는 것도 도움이 됩니다. 회사 일이 손에 잡히지 않더라도 회사 일에 몰두하면서 나의 존재감을 다시 살릴 필요가 있습니다.

　더불어, 생각을 단순하게 가져보는 것도 심리 관리에 도움이 됩니다. 곰곰이 생각해 보면, 하려고 했던 다음 계획을 변경하거나 취소하면, 투자한 것들은 더 이상 시간의 압박을 받는 것들이 아니게 됩니다. 가격이 내려가는 게 마음이 아프다면 이것은 다시 가격이 올라오면 사라질 감정입니다. 그렇다면, 나는 그저 차분히 시장을 보면서 기다리면 됩니다. 그렇게 생각을 정리하고 일상을 살아가며 마음을 다스린 후, 여유로운 마음과 자존감이 어느 정도 돌아오고 나서 투자해도 늦지 않습니다. 시장만 떠나지 않으면 됩니다.

힘이 들 때는 애쓰기보다 일상을 살아가며 그 시기를 견뎌 나가는 것이 필요합니다. 그렇게 회복하고 다시 돌아오면 됩니다.

ID## 6. 부동산 하락장, 투자를 멈추니 답답합니다.

예기치 못한 변화에 대한 두려움 때문에 부동산 투자를 할 수가 없어요.

"저는 2020년에 무주택자였다가 뒤늦게 부동산 시장에 뛰어들었습니다. 저의 목표는 좋은 집과 경제적 여유를 줄 수 있는 자산의 획득입니다.

21년까지만 해도 아파트 투자해서 돈을 불린 후 팔아서 상급지로 갈 생각에, 없는 돈을 긁어서 열심히 투자했습니다. 하지만, 시장이 이렇게 바뀌고 나니 새로운 투자는커녕 벌려 놓은 것도 제대로 수습할 수 있을까 하는 걱정에 잠을 잘 수가 없습니다. 투자했다가 어차피 매도해야 수익이 나는데 처음 겪는 하락장이다 보니,

누가 사줄까? 살 사람이 있을까? 이대로 하락장이 깊어지면 어떡하지? 만약 못 팔면 그냥 들고 가나? 손절매해야 하나? 등등 생각에 머리가 아프고 마음이 싱숭생숭합니다.

두려움에 몸이 얼어붙는 요즘, 어떠한 마음가짐을 가져야 투자를 이어 나갈 수 있을까요?"

사연을 보내주신 분은 무주택자였다가 뒤늦게 부동산 시장에 뛰어든 분입니다. 장밋빛 미래를 꿈꾸었지만, 시장이 변화하자, 그동안 한 투자가 잘못될 것 같은 불안감에 잠 못 자는 밤이 이어지고 있습니다. 이에, 어떠한 자세를 가져야 두려움과 불안감을 이겨내고 투자를 이어갈 수 있을지 문의하셨습니다.

불확실한 미래에 대한 걱정과 불안감은 투자 경험이 많은 사람이나 적은 사람이나 관계없이 모두가 가지고 있는 감정입니다. 알 수 없는 미래가 주는 근원적인 두려움이기 때문입니다. 특히, 요즘같이 매일 부동산 가격 폭락에 대한 뉴스가 나오고 하우스 푸어라는 말이 수없이 회자하는 하락장에서는, 당장 내일이 되면 투자한 돈을 모두 잃게 되지 않을까 하는 두려운 생각에 새로운 투자를 모색하기는커녕 기존 투자한 것에 대한 후회부터 밀려오기 시작합니다.

2007년부터 부동산 시장에 들어와서 하락장을 먼저 경험한 저 역시도 다시 맞은 하락장은 여전히 두려움의 대상입니다. 어제까지만 해도 당연히 될 줄 알았던 매매나 임차 계획 등이 어그러지고 매수자 혹은 임차인을 구하지 못해 발을 동동 구를 때면, "내가 왜 이걸 한다고 해서 이런 고생을 하나. 차라리, 아무것도 하지 않았으면 마음이라도 편했을 텐데"라는 생각이 들곤 합니다. 잔금 날이 가까워져 오는데 앞선 거래가 막혀 갑자기 돈이 돌지 않으면 정말 온몸에 털이 솟아오르기도 합니다. 이제는 익숙해질 만도 한데, 지난 하락장에서 고생한 트라우마가 있어서인지 몸이 먼저 두려움을 기억하고 반응합니다.

그런데도, 저는 투자를 지속해 오고 있습니다. 사연자의 심정과 같다면 지금이라도 당장 투자를 멈추어야 하지만 지난 장의 경험에서 비롯된 생각의 전환을 통해 저는 예측하지 못하는 미래에 대한 두려움을 이기고 있습니다.

● 아무것도 하지 않으면 아무 일도 일어나지 않는다.

몇몇 사람들은 아무것도 하지 않는 것도 투자의 일종이라고 말을 합니다. 하지만, 이 말은 자산가들이 후발 주자들을 막아서기 위해 만들어 낸 말일지도 모릅니다. 왜냐하면, 아무 일도 하지 않는 자산가라 하더라도 그가 보유한 자산은 스스로 투자 활동을 해서 자산 가치를 높이고 현금을 쌓고 있기 때문입니다. 그러므로, 자산이 없는 사람이 격차를 조금이라도 좁히려면 무슨 일이든 해야 합니다.

미래가 두렵다고 아무것도 하지 않는다면 당장은 아무 일도 일어나지 않기 때문에 손해 보는 것도 없을 것으로 생각할 수 있습니다. 하지만 사실 기회비용의 손실이 일어납니다. 극명한 예시가 바로 지금의 자산 양극화입니다. 2014년부터 수많은 기회가 있었지만 부동산 시장을 둘러싼 다양한 군중의 소음이 만들어 낸 막연한 불안감으로 인해 아무것도 안 하고 있던 사람들은 엄청난 기회비용의 손실이 일어났습니다. 기회를 놓친 사람들은 그 원인 제공자가 정부라며 비난하지만 따지고 보면, 자산을 만들 기회를 만들어 준 것은 정부였습니다. 단지, 개개인이 그 기회를 살리지 못한 것뿐입니다.

● 위험을 관리하면 두려움을 이길 수 있다.

피할 수 없다면 즐기라는 말이 있습니다. 별로 내키지 않는 상황이나 문제가 생겼을 때 이것을 회피할 수 없다면 차라리 받아들이고 이겨내라는 뜻입니다. 자아 성장을 이루기 위한 자기 계발이나 자기 극복에서 이 조언은 효과를 발휘할 때가 많지만 위험관리가 필요한 부동산 투자에서는 절대로 피해야 할 말입니다. 위험을 회피하거나 감수한다는 말은 위험해서 하지 않는다거나 위험을 무릅쓰고 한다는 말입니다. 이를 부동산 투자로 연결하면 불안한 미래의 위험이 두려워 아무런 투자를 하지 않거나 반대로 위험하든 안 하든 무조건 지르는 식의 투자를 한다는 말과 같습니다.

위험을 관리하는 부동산 투자는 이러한 투자와는 다릅니다. 위험을 관리하는 부동산 투자는 손해가 나도 괜찮다는 식의 투자가 아니라 손해가 나지 않을 조건을 만드는 투자 방법입니다. 이는, 남들이 모르는 숨겨진 그들만의 부동산에 투자하는 것을 말하지 않습니다. 오히려, 그런 부동산일수록 알음알음에 의존하는 불투명한 투자일 가능성이 크므로 위험을 감수하는 묻지마 투자에 가깝습니다.

제가 말하는 위험을 관리하는 투자는 상승과 하락의 잔파도에 흔들리지 않도록 시간적 여유를 확보하여 사이클을 이기는 투자입니다. 시간적 여유를 확보하면 시간에 쫓기지 않고 매도의 시점을 볼 수 있고 오판할 확률이 줄게 됩니다. 시간에서 벗어나기 때문에 소음에 민감해지지 않습니다. 그렇게 기다리다가, 목표 가격이 오거나 최소한 손해나지 않지 않는 구간이 오면 매도하는 것입니다. 그렇다면, 시간적 여유를 확보하기 위한 위험 관리 투자 방법은 무엇이 있을까요?

● **위험 관리 투자 방법**

1) 매도하고 매수한다.

매수에 있어서는 확정된 현금을 가지고 합니다. 예를 들어, 어떤 것을 매수하고 싶다면 자금 마련용 매도를 먼저 계약 체결하고 잔금일을 확정받은 후에 매수를 하는 식입니다. 매수하고 싶은 것이 있다고 확정된 현금도 없는데 "일단 지르고 다른 것 팔아서 메꾸지" 식의 매수를 하지 않는다는 말입니다. 매도가 확정되지 않을 때는 아무리 좋은 물건이라도 과감히 매수를 포기합니다.

가끔 매도할 것이 없다고 고민하시는 분들이 있습니다. 그리고, 매도는 없이 계속 무리한 매수를 이어갑니다. 버릴 것이 없다는 그 소유욕은 같은 투자자로서 이해가 갑니다. 하지만, 평생 가져가도 모자랄 강남 빌딩을 매도하는 부자들이 보기에는, 우리가 가진 것은 전부 매도할 것들입니다. 무슨 말인가 하면, 매도할 것이 없다는 고민은 내 눈의 기준일 뿐이라는 것입니다. 어디선가 끊임없는 현금이 창출된다면 매수만 해도 되겠지만 그런 경우가 아니라면 매수하기 위해서는 반드시 매도가 이루어져야 합니다. 매도를 통해 자금을 확보하고 그것을 바탕으로 매수하는 패턴을 유지하면 현금 흐름이 막히지 않기 때문에 시간적 여유를 확보할 수 있고 위험을 관리할 수 있게 됩니다.

2) 시간적 여유가 확보되지 않는 기회는 과감히 버린다.

위험 관리 투자에서 가장 중요한 것은 시간적 여유를 확보하는 것입니다. 그래서, 저는 아무리 수익이 보이는 투자라도 시간적 여유가 확보되지 않는 투자는 하지 않습니다. 예를 들어, 분양권의 경우 중도금 대출을 받지 못하는 조건의 투자는 하지 않습니다. 법인으로 여러 개를 받아서 중도금 대출 실행 전에 단기 매도하는 투자 방법을 알고 있지만 하지 않습니다.

시간적 여유를 갖는다는 것은 무조건 장기 투자를 한다는 것을 뜻하지 않습니다. 저는 매도 기준을 시기가 아닌 목표 가격으로 잡습니다. 목표 가격에 도달하면 시기와 관계없이 매도합니다. 이렇게 시기로 잡지 않고 가격으로 잡으려면 시간에서 최대한 자유로워야 합니다. 예를 들어, 중도금 대출을 설정해 입주 시까지 매도 기간을 3년을 확보한다고 해서 3년을 끌고 간다는 것을 의미하지 않습니다. 3년 기간 안에 언제든지 판다는 개념입니다. 시간적 여유를 가진다는 것은 바로 목표 가격에 도달할 때까지 최대한 시간을 번다는 것을 의미합니다.

3) 대응력을 키운다.

예기치 못한 상황을 예측하고 하는 투자는 그 자체로 모순이 많습니다. 미래의 일은 아무도 모르기 때문입니다. 2021년 말까지만 해도 80%의 부동산 전문가가 2022년 부동산 시장의 상승을 말했는데 불과 9개월 사이에 80%의 부동산 전문가가 부동산 시장의 하락을 말한 것만 봐도 미래를 예측하는 것이 얼마나 부질없는 일인가 하는 것을 알 수 있습니다.

그렇기에 예기치 못한 상황이 오면 대응할 수 있도록 대응력을 키우는 것이 필요합니다. 가장 대표적인 것이 역전세나 공실 등 뜻하지 않는 자금 경색에 대비해 일정 규모의 현금을 보유하고 있는 것입니다. 그 기준은 개인마다 다르지만, 전세라면 전세금의 10% 정도, 월세라면 공실 6개월 정도 감당할 현금은 준비되어 있어야 한다고 생각합니다. 대출을 단기에서 장기로 바꾸거나 신용에서 담보 대출로 바꾸는 등은 대출 상환 요구 등 예기치 못한 상황이 왔을 때 대응력을 키우는 방법입니다. 담보물에서 자기 자본 비율을 높이는 것도 급할 때 담보 가치를 꺼내 쓸 수 있도록 대응력을 키우는 방법입니다.

지금까지 예측할 수 없는 미래의 두려움을 이기고 투자를 지속하기 위해 가져야 할 자세와 투자 방법에 대한 말씀을 드렸습니다. 부동산 투자자가 미래에 대해서 불안해 하는 이유는 내가 알지 못하는 변수와 위험으로 인해 돌이킬 수 없는 손해를 보지 않을까 하는 심리 때문입니다. 그렇다면, 손해가 나지 않을 조건을 만들 투자를 해서 위험을 관리하면 이러한 불안감을 해결하고 투자를 해나갈 수 있습니다. 위험을 관리하는 방법은 대단한 비법이 아닌 지극히 상식적인 방법입니다. 편안한 투자, 불안하지 않은 투자는 상식에서 나오기 때문입니다.

돈이 묶인 것을 알면서도
아무것도 안 하고
있으려니 답답합니다.

"현재 30대 중반에 4주택을 보유하고 있고, 분양권 1개를 가지고 있습니다. 부동산 공부하면서 현금 가치가 계속 떨어지고 있으니 부동산 등기는 팔지 않고 무조건 모아야 한다는 말을 듣고 현금이 생길 때마다 계속 모으기만 했습니다. 등기 욕심도 어느 정도 있었던 것 같습니다.

그러다 보니, 투자를 하려고 해도 이미 여기저기 돈이 많이 들어가 있고, 분양권 잔금일도 대비해야 해서 이제는 여유자금이 없습니다. 하지만, 잔금을 치를 돈이 통장에 있는 것을 보면서 아무것도 하지 않고 있자니 뭔가 답답하여 뭐라도 해야 할 거 같은 강박 관념이 계속 생기네요. 하락장 급매도 속출하고 있다 보니 기회를 놓치면 안 될 것 같기도 하고요.

잔금일 전 몇 개월 정도 시간이 있어서 이 돈으로 단기 투자를 하면 2천 정도는 더 만들 수 있을 거 같은데, 그냥 잔금 치르기 위해 그대로 두어야 할지, 그 돈으로 다른 것들을 투자할지 고민이 많습니다."

사연의 주인공은 투자 경력이 있으신 분으로, 이미 투자한 부동산에 돈이 묶여 있고, 분양권 잔금 일정도 도래하다 보니 추가 투자하기가 어려운 상황입니다. 그런데도, 사연을 남겨 주신 이유는 일을 더 벌리기보다는 잘 마무리하는 것이 중요한 시점임을 알고 있지만, 그 시기를 기다리는 동안 아무것도 안 하고 있으려니 뭔가 답답해서 뭐라도 해야 할 것 같은 생각이 자꾸 들기 때문입니다.

사연을 보면서 이 분의 심정이 공감되었습니다. 저 역시도 과거 같은 병에 걸린 적이 있었기 때문입니다. 이 병은 투자를 시작하면 생기는 병으로 병명은 '아무것도 안 하면 안 될 것 같은 병'입니다. 우리가 투자를 처음 시작할 때는 이 병을 알지 못합니다. 투자를 못 해서 불안하기는커녕 투자한 것이 잘못될까 불안한 시기이기 때문입니다. 하지만, 그 시기가 지나고 몇 건 투자를 진행하면서 자신감을 얻고 나면, 자신도 모르게 바로 찾아오는 무서운 병이 바로 '현금을 보면 불안해지는 병'입니다.

● 현금을 보면 불안해지는 병을 조심해야 한다.

이 병이 창궐하게 된 이유는 자산 가격 상승기에 유행한 '현금은 쓰레기 이론' 때문입니다. '원칙'이라는 책을 저술한 월가의 유명한 투자 그루인 레이 달리오가 했던 말로, 통화량 증가에 따라 현금 가치는 계속 떨어져 결국은 쓰레기와 다를 바 없이 된다는 뜻입니다. 그렇기에, 떨어지는 현금 가치를 방어하기 위해서는 자산에 현금을 묻어두어야 한다고 역설합니다.

자산 가격이 오르는 부동산 상승기만 경험한 시장 참여자에게 이 말은 금과옥조와 같이 여겨졌습니다. '나는 O 천만 원으로 OO 억의 부자가 되었다.' 식의 무용담이 속출하면서, 부동산 등 자산 투자하지 않고 현금을 가지고 있던 사람들에게 상대적 박탈감을 안겨주었기 때문입니다. 하지만, 시장의 방향이 바뀌고 자산 가치가 떨어지자 현금을 쓰레기라고 말한 사람들은 자취를 감추고 있습니다. 오히려, 역전세 위험이나 이자 부담이 늘어나면서 현금 흐름을 만들기 위해 너도나도 부업거리를 찾고 있는 상황이 되었습니다.

그럼에도 불구하고, 여전히 상승장의 습성이 남아 있는 투자자들은 현금이 눈에 보이면 불안해합니다. 이 병이 무서운 이유는 쓰일 목적이 있음에도 돈이 통장에 있으면 안 된다는 강박 때문에, 하지 않아도 될 일을 벌이게 만든다는 데 있습니다. 예를 들어, 사연의 주인공처럼 중요한 지출 일정을 눈앞에 두고 있음에도, 통장에 들어 있는 현금을 그냥 두지 못하고 다른 곳에 투자하는 식입니다.

저도 그러한 병이 깊어서 그새를 못 참고 홀랑 투자하다가 몇 번 유동성 위기를 겪었습니다. 잔금 일정을 앞두고 미리 자금을 준비하였을 때, 꼭 그런 위기가 찾아왔었습니다. 당장 계좌에 현금이 들어온 것을 보니, 계속 눈에 거슬리는 것입니다. 하필이면 그때, 군침을 흘리게 하는 기회들이 찾아옵니다. 지인의 소개나 우연한 기회를 통해 가진 돈에 딱 맞춘 투자 제안받을 때면, 마치 개미지옥에 빠진 듯한 기분이 듭니다. 특히, 가진 돈으로 잔금 치르고 나면 여유자금이 부족해진다고 판단될 때, 잔금 치르기 전 이 돈을 단기 투자해서 몇천만 원이라도 불려보자는 생각에 쉽게 빠져들게 됩니다.

"짧게 치고 빠져나가면 될 거야. 요즘 시장도 좋으니 충분히 가능해!"

이런 생각이 깊어지고 있을 즈음, 한 다리 건너 단기로 매매할 수 있는 부동산이나 금융 상품에 투자해서 재미를 봤다는 무용담이 들려오고 이는 투자 결심을 굳히게 하는 결정타가 됩니다. 그 친구도 했는데 나도 못 할 게 없다는 자신감은 계좌이체용 비밀번호 생성기를 꺼내게 만듭니다.

이런 판단과 실행에 대한 책임은 자신에게 있으므로 제가 감히 하라 마라 할 수는 없습니다. 하지만, 목적 있는 돈을 쓰게 되면 아무래도 심리적으로 시간에 쫓기게 될 수밖에 없습니다. 또한, 투자가 계획대로만 되는 것은 아니다 보니, 작은 변수에도 금세 현금 흐름이 꼬이게 됩니다.

저 역시도 그렇게 현금 흐름이 꼬여서 부모님이나 지인에게 급전을 빌려서 부도를 막기도 하였습니다. 그리고, 한때는 그렇게 막고 처리하면서 고생한 것이 훈장처럼 느껴지기도 했습니다. 하지만, 지금은 목적이 있는 돈은 안 건드리고 있습니다. 또한, 잔금 대출 가능 유무나 매도를 통한 자금 조달 계획 등과 같은 사전 조건이 확정되기 전에 섣불리 매수부터 하지 않습니다. 무리수를 두다가, 자칫하면 부도가 날 수 있음을 경험했기 때문입니다. 몇 번은 운이 좋았을 수도 있지만 항상 운이 좋기는 어렵습니다.

● **여윳돈이 부족해지는 이유는 매수만 하기 때문이다.**

사연의 주인공이 목적 있는 돈을 단기 유용하려는 근본 이유는 그동안 샀던 부동산에 자금이 묶이면서 여윳돈이 소진되었기 때문입니다. 등기를 모으려는 욕심으로 팔지 않고 모아가다 보니 그렇게 되었습니다. 많이 회자하는 말 중에 부동산은 팔지 말고 모아야 한다는 말이 있습니다. 이는 투자를 많이 안 해본 사람의 단견이라고 생각합니다.

저도 투자 경력이 짧을 때는 그 말이 맞는다고 생각해서 팔지 않고 모아간 적이 있었습니다. 당시에, 제 투자 멘토께서 "팔아야 살 수 있다"라는 이야기를 사석에서 하신 적이 있습니다. 당시에는 그 말이 체감되지 않았습니다. 산 가격 이상으로 시세가 오르다 보니 팔기에는 아깝다는 생각이 들었기 때문입니다. 그리고, 팔고 나서 양도세를 물고 나면 같은 것을 살 수 없다는 두려움도 있었습니다. 그래서, 결국은 팔지 않았고 지금까지 보유하고 있지만, 이제 와 되돌아보니, 당시에 갈아탔었으면 더 큰 부를 줄 수도 있었겠다는 아쉬움은 남아있습니다.

그 이유는 다음과 같습니다. 돈이 계속 나오지 않는 한, 팔지 않고 모으는 건 불가능합니다. 그래서, 사기만 하다 보면 결국은 종잣돈이 떨어질 수밖에 없습니다. 결정적으로, 당시에는 너무 좋아 보이고 평생 가져갈 것처럼 보여 모은 것들을 나중에 보니, 대부분 모을만한 가치가 없었던 것들이었습니다. 그 사이에, 물건을 보는 내 선구안은 더 좋아졌고 그만큼 더 좋은 물건을 만날 기회가 늘어났기 때문입니다. 하지만, 모으기만 하다 보니 돈이 회전되지 않으면서 그러한 기회들을 흘려보냈었습니다.

그 이후로, 저는 팔아야 더 좋은 것을 살 수 있다는 생각을 가지게 되었습니다. 만약 당장 팔 수 없다면, 최소한 담보를 활용해 현금을 끌어내야 한다고 생각하게 되었습니다. 그 이후에는 자산의 개수 늘리기는 관심사가 아니게 되었습니다. 대신, 더 좋은 기회가 왔을 때 놓치지 않고 잡는 위해 장기 보유용 뿌리 자산과 단기 보유용 줄기 자산으로 구분하여 운용하고 있습니다.

    부동산 투자를 지속하려면 팔아야 합니다. 팔아야 여유자금이 생기고 살 수가 있습니다. 중요하고 지속해야 하는 것은 자산 포트폴리오를 운용하는 방식이지 특정한 부동산 아닙니다. 우리의 기준에서는 평생 가져가야 할 것 같은 수백억 건물을 가진 연예인들도 끊임없이 더 나은 물건으로 갈아타고 있습니다. 등기는 닥치는 데로 모아가는 것이 아니라, 좋은 것으로 바꿔 가는 것입니다. 그 관점에서 가지고 계신 자산을 재평가하고 매도해서 미리미리 여유자금을 확보해 나간다면, 목적이 있는 돈을 다른 곳에 쓰려는 위험한 생각은 조금은 덜 하게 되지 않을까 합니다.

현금은 쓰레기가 아닙니다. 위험을 막고 기회를 만들어주는 생명줄입니다.

부동산에 대한 열정이 사라지려 할 때 어떻게 극복하나요?

"요즘 시장도 안 좋고 매도도 잘 안돼 투자할 자금이 돌지 않으니 부동산 투자에 대한 열정이 사라지는 것 같습니다.

좀 천천히 갈 수 있다 생각하면서 다양한 책을 통해 방법을 모색 중입니다만 잘 안되네요. 이러다가 감이 떨어질 것 같은데 이럴 때는 어떻게 극복해야 할까요?"

본 사연은 시장에 관한 관심이 줄어드는 시기, 나태해질 것 같은 투자 일상을 어떻게 극복할 수 있을 것인가에 대한 이야기입니다. 이

분은 그간 투자를 열심히 해오신 분입니다. 그리고, 투자한 만큼의 성과도 있었습니다. 하지만, 어느 정도 자신이 생각했던 투자 목표를 달성하고 나서는 예전처럼 의욕이나 열정이 생기지 않으신 듯합니다. 마침, 부동산 시장도 안 좋아지면서 투자 자금이 돌지 않다 보니, 이왕 이렇게 된 거 공부하면서 다시 한번 동기 부여를 해보자고 책을 펼쳤지만, 몸과 마음은 "이만하면 됐다고" 말하면서 일상으로 돌아가라고 속삭입니다. 무엇인가 추진 동력을 얻어서 다시 달려가야 할 것 같은데, 이렇게 있다간 투자 감각을 잃을 것 같습니다. 이에 극복 방법을 물어보셨습니다.

부동산 투자는 분위기를 타고 가는 특성이 있습니다. 그래서, 상승장일 때는 너도나도 만나면 투자 이야기를 하고 신이 난 사람들이 많아집니다. 새로 진입하는 사람들도 많아지면서 열정이 꽃을 피웁니다. 그래서, 시장이 뜨거울 때는 투자 관련 콘텐츠의 검색량도 올라가고 각종 카카오톡 방의 대화 건수도 엄청나게 늡니다. 그간 투자한 것을 바탕으로 강의하겠다는 사람들도 늘어납니다.

하지만, 하락장이나 침체장이 오면 언제 그랬냐는 듯이 투자했다는 이야기는 사그라들고 부동산 투자가 어렵다 힘들다 하는 이야기들이 많아집니다. 관망하는 사람이 늘고 톡 방의 톡 수도 현저히 줄어듭니다. 강의 플랫폼들은 수익 창출에 빨간불이 켜지고 사람들을 모집하려고 노력하지만, 수강생이 차지 않습니다. 서점에 있던 수많은 부동산 책들은 그 수가 현저하게 줄어듭니다. 만나기만 하면 꽃피웠던 직장 동료들과의 부동산 투자 대화는 사라집니다. 마침, 회사에서 중요한 일이라도 맡게 되고 정신없이 지내다 보면 어느새 부동산 시장 따위는 잊어버리게 됩니다.

그렇게, 부동산에 관한 관심이 사라지면, 시장 감각 역시 떨어지게 됩니다. 그러는 사이, 지지부진하던 부동산 시장은 조금씩 변화하기 시작합니다. 경기를 살리기 위해 정부는 활성화 정책을 내놓기 시작하고 대중과 반대로 시장을 꾸준히 지켜보고 있던 소수의 사람은 기회를 잡기 시작합니다. 하지만, 이미 부동산 시장 소식을 끊고 감각을 잃어버린 나는 그러한 일이 있었는지조차 알지 못합니다. 여전히 대중과 여론은 "이제는 부동산은 끝났다."라는 말에 사로잡혀 있기 때문입니다. 지난 금융 위기 이후 하락장 때 유행했던, '다마 신도시 이론'이 대표적입니다. 이번 하락장도 깊어지면 깊어질수록 "이제는 부동산은 끝났다."라는 말은 그럴싸한 새로운 이야기를 가지고 등장하여 대중의 눈을 가릴 것입니다.

이렇게 부동산에 대한 열정이 식어가고 시장에서 멀어지는 하락기에 군중과 떨어져서 시장에 대한 지속적인 관심을 가지도록 나를 다독이려면 어떻게 해야 할까요?

● 기본 루틴만 유지하자

시장이 안 좋을 때 열정이 사라지는 것은 당연한 일입니다. 하락장에서 열정을 유지하는 것은 마치 아무도 없는 운동장에서 혼자 축구공을 차는 것과 같습니다. 처음에는 팔을 걷어붙이고 골대를 향해 힘차게 축구공을 차지만 이내 몇 번 차고 나면 흥미가 떨어지고 집에 가고 싶은 생각이 듭니다. 투자 열정도 마찬가지입니다. 누군가 함께 하고 영차영차 해야 힘이 나는 것이 사람입니다. 그러므로, 이러한 시기에는 기본 루틴만 남겨 놓고 열정의 스위치를 잠시 내려놓아도 괜찮습니다. 몸과 마음이 내키지 않는데 억지로 하면 탈만 날 뿐입니다. 대신, 기본 루틴은 반드시 유지해야 합니다. 그래야, 시장이 다시 돌아올 때 감각을 빠르게 회복할 수 있습니다.

그 기본 루틴은 단순합니다. 매일 아침 출근길에, 혹은 퇴근길에 아니면 화장실에서 앉아 읽을거리를 부동산 관련 내용으로 세팅하고 무의식적으로 읽는 것입니다. 나를 대신해 수고를 덜어주는 사람들이 제공해 주는 읽을거리를 매일 10분 정도 만 읽어도 시장 돌아가는 것은 알 수 있습니다. 금융 위기 이후 부동산 침체장으로 사람들의 관심이 일시적으로 멀어졌을 때, 제가 지켰던 루틴도 같았습니다. 당시, 저 역시 군중 속에 섞여 투자 열정이 줄어들고 있었지만, 조인스 닷컴의 아기곰 산책 등 카페와 블로그를 통해서 시장과 매물 정보를 읽어왔습니다. 그러다가, 시장의 변화가 보이기 시작한 2014년부터 다시 투자 열정을 불태웠습니다.

루틴을 만들 때는, 주말에 날 잡아 몰아서 보기보다는 대충 훑어보거나 적어도 제목이라도 매일 정해진 시간에 보는 방법을 추천해 드립니다. 아무리 좋은 읽을거리도 한 번 쌓이기 시작하면 읽어야 하는 부담감과 죄책감으로 읽기를 포기하게 됩니다.

● 나와 가족에게 보상해보자

직장인들 사이에서는 우스갯소리로 이런 말이 있습니다.

"회사 다니기 싫을 때 극복하는 방법은 차나 명품을 할부로 확 긁는 것이다. 그렇게 나에게 쓰고 만족감을 느끼게 되고 나면 다시 그것을 갚기 위해 회사를 열심히 다니게 된다."

웃고 넘어갈 수도 있지만 투자에서도 의외로 효과적일 때가 있습니다. 어쩌면 의욕이 떨어지는 이유가 부동산 투자한다고 계속 재투자하면서 가족들의 생활은 나아진 게 없었는데, 막상 시장이 안 좋아지고 가격이 흔들리고 나니 내가 뭘 하고 있었나 싶은 자책일 수 있기 때문입니다. 저 역시 십수 년 전 주식 투자한다고 재투자하다가 몽땅 날리고 나서, 그 돈으로 차라리 가족을 위해 썼으면 어땠을까 하는 생각에 몇 년 동안 잠 못 이룬 적이 있었습니다. 그런 경험이 있고 부터는 가족에게 써야 할 돈은 항상 투자보다 우선이며 아끼지 않습니다. 돈이 많이 드는 것은 사실이지만 내가 돈을 버는 의미를 찾을 수 있어서 보람되고 즐겁습니다. 그리고, 쓰는 만큼 더 열심히 벌어야겠다고 다짐하게 됩니다.

투자라는 게 반복하다 보면 게임 머니 같아 보이고 나는 파블로프의 개[1]처럼 느껴지게 됩니다. 자산이 오를 때는 아드레날린이라도 샘

---

[1] 이반 페트로비치 파블로프가 한 널리 알려진 실험, "파블로프의 개"를 통해 알려진 조건 반응 학습의 일종

솟지만 반대가 되면 허탈해집니다. 이럴 때는 가족을 위해 과감하게 쓰는 것이 동기 부여가 될 수 있습니다. 밑져도 가족을 위해 쓰는 것이니 본전은 됩니다. 한 번 해보시기를 추천합니다.

● 실패의 과거를 꺼내 보자

저는 과거 10년간 저를 고통으로 몰았었던 부동산 투자 실패 계약서를 아직 가지고 있습니다. 나태해질 때 그 계약서를 보면서 마음을 다잡습니다. 이는 두 가지 효과인데 한 가지는 절대 조급해 지지 말고 무리하지 말자, 욕심내지 말자는 경계를 하는 것이고, 다른 한 가지는 목표에 다가가지 못했는데 나태해 지지 말자는 다짐을 하는 것입니다. 이건희 회장도 삼성이 나태해지고 관료화될 때마다 충격 요법을 썼습니다. 가전제품을 불태우고 마누라 빼고 다 바꾸라고 역설했습니다. 지금도, 삼성전자 인재개발원에는 프랑크푸르트에서 했던 '신경영' 선언 당시를 그대로 재현해 놓았습니다. 지금 생각해도 아찔한 그 실패의 과거를 구체적인 사물을 통해 상기하면 조금이나마 열정을 되살려 볼 수 있지 않을까 합니다.

지금까지 하락기를 맞으며 사라지는 투자 열정을 유지하기 위해 해볼 만한 것들을 생각해 보았습니다. 누구나 투자를 하다 보면 뜻대로 되지 않아 슬럼프를 겪거나 열정이 사라질 때가 있습니다. 이럴 때는 쉬어가야 사고가 나지 않습니다. 다만, 다시 동기 부여가 되고 열정이 생겼을 때 빠르게 감각과 자세를 찾아 전장에 나갈 수 있도록 몸과 마음의 생명 신호를 유지할 필요가 있습니다. 그동안 같이 고생한 가족과 즐거운 시간도 보내면서 투자의 의미를 새기고 최소의 루틴을 정해서 지켜가는 것이 그 시작이 될 수 있습니다.

부채가 너무 많은 것 같습니다. 어떻게 관리해야 투자할 수 있을까요?

"이자가 지금 월 수백만원 수준인데, 앞으로 대출 금리가 얼마나 오를지도 모르고요. 월세 수익도 없이 전부 시세차익 형 주택으로 투자를 했으니, 어떻게든 사업 소득으로 버텨야 합니다.

사업 소득으로 대출 원금을 계속 갚아가면서 이자를 낮춰야 할지, 새로운 투자를 해서 수익을 통해 대출을 갚아가야 할지, 새로운 투자를 해서 자산과 대출 포트폴리오를 더 늘려가야 할지 고민이 되는 시점입니다. 부채 관리, 어떻게 해야 안정적으로 투자를 이어갈 수 있을까요?"

사연을 주신 분은 좋은 자산을 가지셨지만 그만큼 대출이 많이 늘어나면서 고민되시는 분입니다. 이 분의 고민은 금리가 계속 오르고 있는 현재 시장을 견디고 있는 많은 다주택자의 고민과 맞닿아 있습니다. 시기와 타이밍을 잘 만나서 좋은 자산을 획득하고 그 자산들의 가치가 오르면서 자산가의 반열에 올랐지만 그만큼 보유세와 대출 등 자산을 유지하는 데 감당해야 하는 비용이 늘어났습니다.

하지만, 자산의 가치가 불어나고 있으나 나의 노동 소득은 불어나지 않다 보니 그 비용을 감당해 내는 것에 조금씩 부담을 느끼기 시작합니다. 다행히, 이 분처럼 추가 소득을 낼 수 있는 사업을 가졌다면 조금 더 열심히 일해서 그 비용을 감당할 수 있겠지만, 하루 노동 시간에 관계없이 정해진 월급을 받는 직장인들은 당장 어찌해 볼 방법이 없습니다. 결국, 쓸 돈을 아껴서 세금이나 대출을 내면서 자산은 늘렸지만, 생활은 나아진 것이 없는 부조리가 생기기 시작합니다.

● 자산가가 된다는 것은 비용을 감당하는 일

2021년에 발표된 NH농협은행 100세 시대 연구소의 상위 1% 자산가 소비 패턴 보고서는 이러한 부조리한 상황을 잘 설명해 주고 있습니다. 아래 표에서 보면, 2억 1천만 원의 소득 중에 비소비지출로 나가는 돈이 6,604만 원으로 오히려 5,746만원의 소비 지출액보다 많습니다. 그리고, 비소비지출 중 대부분은 자산을 보유하는 데에 따른 세금과 이자, 기타 준조세 등 보유 비용이었습니다.

순자산 상위 1% 들은 부동산 자산 가격 상승에 따라 순자산은 늘었지만, 그 부를 유지하기 위한 비용을 치르다 보니 소비 지출을 늘리지 않았습니다. 9천220만 원의 저축 여력이 있지만 이것은 예상치 못한 세금이나 대출 상환 등, 소비 외 지출에 대비하기 위한 예비비의 성격임을 알 수 있습니다. 이만큼 자산가가 된다는 것은 단순히

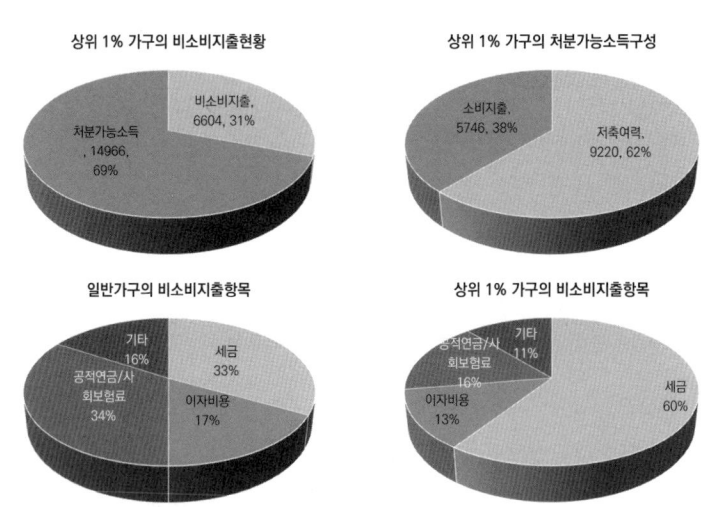

출처: 2021가계금융복지조사(통계청), NH투자증권 100세시대연구소

자산만 끌어모으는 행위 이상의 내공이 필요한 일입니다.

● 부채는 실타래와 같다.

매일 나오는 이자 비용을 생각하면 한숨부터 나오겠지만 손을 놓고 있을 수만은 없는 일입니다. 이럴 때 필요한 것은 문제를 쪼개서 생각해 보는 것입니다. 부채 문제는 일종의 실타래와 같습니다. 그래서, 문제를 계속 뭉쳐서 보게 되면 엉켜서 풀리지 않는 실타래와 같아 보여 한숨만 나오게 됩니다. 하지만, 이 실타래를 가위로 조각조각 내면 엉켜 있던 실타래가 부서지면서 작은 실 조각으로 나뉩니다.

예를 들어, 부동산 자산의 부채에서 나오는 이자가 매월 500만 원 정도라고 쳤을 때, 세전 월급 기준으로 월 700~800만 원 정도를 이자 비용에만 고스란히 바친다고 생각하면 머리가 아파져 옵니다. 여기에, 수백에서 수천까지 나올지 모르는 보유세까지 낼 생각을 하니 당장이라도 자산을 팔지 않으면 답이 나오지 않을 것 같습니다. 그래서, 고민 끝에 중개소에 매물을 내놓으려고 수화기를 들다가도 이내 그동안 힘들게 모았다는 생각에 전화기를 내려놓습니다. 그리고, 다시 몇 날 며칠을 고민합니다.

이럴 때는 부채를 나누어 생각해 봐야 합니다. 항목별로 쪼개서 부채별로 대응책을 별도로 마련해 보는 것입니다. 부채에도 성격이 있습니다. 그래서, 부채를 쪼개보면 성격이 보입니다. 신경 쓰지 않아도 되는 부채, 조금만 신경 써주면 자기 밥그릇 알아서 챙기는 부채, 실거주 부채, 마지막으로 정리해야 하는 부채 등으로 나누어 볼 수 있습니다. 각각의 예시와 대응 방법을 적으면 다음과 같습니다.

1) 신경 쓰지 않아도 되는 부채

전세금과 같은 무이자 부채로서 나의 생활에 아무런 타격을 주지 않는 부채입니다. 이런 부채는 머리에서 지워도 무방합니다. 다만, 같은 전세라도 신경 쓰지 않아도 되는 부채와 정리해야 하는 부채로 나뉠 수 있습니다. 예를 들어, 주택임대등록이 되어서 5%씩만 올리다 보니, 주변 전세 시세 대비 낮은 수준을 유지하고 있는 전세금은 역전세를 맞거나 전세 수요를 구하기 어려울 확률이 낮습니다. 이런 부채는 신경 쓰지 않아도 됩니다.

제가 가지고 있는 전세금도 바로 이러한 부채들로 구성되어 있습니다. 이번에, 단기 임대사업이 끝난 아파트도 전세가를 시세 대비 O억을 낮게 내놓았습니다. 시세를 다 쓰지 않은 이유 역시 신경 쓰지 않는 부채로 유지하기 위함입니다.

2) 조금만 신경 쓰면 밥그릇을 알아서 챙기는 부채

이자를 월세로 상쇄할 수 있는 부채입니다. 주로, 수익형 부동산이나 월세용 주택이 대상으로, 월세 세팅할 때 최소 이자를 감당할 수 있게 한 후 매월 또박또박 받는 것만 신경 써 주면 부채를 고민할 필요가 없습니다. 대출 이자와 보유세를 제외한 순 월세 수익이 나오거나 시세차익이 생기는 것들이라면 효자 노릇을 하는 부동산입니다.

저는 수익형 부동산을 매수할 때 이 기준을 충족시키는 부동산만 매수합니다. 그래서, 아무리 시세차익이 예상되는 부동산이라 하더라도 마이너스 월세가 나는 것은 매수하지 않습니다. 부채를 노동 수익으로만 막으면 보유 기간을 버틸 수 없기 때문입니다.

3) 실거주 부채

실거주 주택에도 부채가 있습니다. 아마, 대출 없이 내 집을 마련하는 사람은 없을 것입니다. 이 경우, 부채의 이자는 고스란히 내 월급이나 노동 수익에서 마련을 하게 됩니다. 그렇다 보니, 투자를 위해 실거주 주택에서 추가 대출을 받는 것은 가장 마지막 고려 대상으로 하고 있습니다. 다만, 이것은 제 기준일 뿐입니다. 이제부터 자산을 만들어 가야 하고 노동 소득 연한이 많이 남은 투자자라면 필요시 실거주 부채를 지렛대 삼아 승부를 걸 필요가 있다고 생각합니다.

하지만, 이러한 투자자의 부채도 계산이 필요합니다. 예를 들어, 살던 집을 전세로 주고 자신은 월세를 살면서 투자금을 마련하겠다고 할 경우, 살던 집에서 그냥 살면서 추가 대출받아 이자 내면서 투자하는 것과 나가는 비용을 비교해 봐야 합니다. 비용이 비슷하다면 그냥 현재 집에 살면서 대출받아 투자에 나서는 것이 아무래도 심리적 주거 안정성에 도움이 됩니다.

그러면, 과연 실거주 부채의 이자는 내 생활비의 몇 프로 선에서 통제하는 것이 적정할까요? 이는 사람마다 다릅니다. 전문가들은 20%나 30%라고 기준을 말하지만 생애 주기에 따라 다를 수 있습니다. 아이가 없는 신혼부부라면 대출 이자를 더 내더라도 공격적으로 투자금을 활용할 수 있습니다. 그러니, 이 부분은 각자의 사정에 맡기겠습니다.

4) 정리해야 하는 부채

정리해야 하는 부채도 당연히 있습니다. 실거주 부채도 아닌데 내 근로수익을 갉아먹어서 삶의 질을 위협한다면 이는 좋은 자산이라 할 수 없습니다. 그러한 부채가 아니더라도 각종 보유세 만으로도 이미 내 노동 수익을 일정 부분 갉아먹고 있기 때문입니다.

예를 들어, 높은 전세가로 플피(Plus+Premium) 투자[1]나 무피(無+Premium)투자[2]를 해서 얻은 주택의 전세는 무이자 부채라도 언젠가는 반드시 정리해야 하는 부채입니다. 이번 침체장에서도 보았듯이 시장의 흐름이 바뀌면 역전세난이나 전세 수요를 구하지 못하게 되면서 언제든 지 내 목을 겨눌 수 있기 때문입니다. 그러므로, 적절한 수익이 나면 아까워하지 말고 매도하여 수익을 확정 짓고 부채를 정리할 필요가 있습니다. 저 역시, 이러한 부채가 있는 자산들은 줄기 자산으로 구분하여 단기 투자하고 수익을 확정하는 쪽으로 가고 있습니다. 수익형 부동산에서도 대출 이자보다 마이너스 월세가 나

---

[1] Plus+Premium의 줄임말로 전세가가 매매가보다 높아 매수자가 오히려 돈을 벌면서 부동산을 매수하는 투자

[2] 無+Premium)의 줄임말로 전세가와 매매가 차익이 없어 매수자가 돈을 들이지 않고 부동산을 매수하는 투자

는 자산은 정리 대상입니다. 아무리 시세차익이 예상된다고 하더라도, 보유 내내 부담을 가중시키기 때문입니다. 저는 아예 이러한 자산은 매입 대상에서 제외하고 있습니다.

신용 대출도 결국 적정 시점에서 정리해야 할 부채입니다. NH농협은행 리포트에서도 나왔듯이 부자들의 대출은 대부분 담보 대출 형태이고 신용 대출 비중은 6% 선에 머물고 있습니다. 이러한 신용 대출은 정부의 방침에 따라 혹은 은행 사정으로 언제든지 일부 혹은 전액 상환 통보가 될 수 있으므로 기회가 될 때 줄여나가거나 신경 쓸 필요가 없는 대출로 대환할 필요가 있겠습니다.

지금까지 부채를 어떻게 관리할 것인가에 대해 말씀드렸습니다. 위에서 말씀드린 데로 그렇게 부채의 성격을 쪼개고 관리하면, 심리적인 부채 부담에서 어느 정도 자유로워질 수 있습니다. 관리 대상이 아닌 부채는 잊어버리고 관리 대상인 실거주 부채만 관리하면 되기 때문입니다. 또한, 자산에서 나오는 보증금 인상분이나 월세 수익이 해당 자산에 잡힌 부채의 원리금과 세금을 충당할 수 있는 부동산을 투자 기준으로 삼으면, 자산의 수를 늘리는 부담이 사라지게 됩니다. 그 결과, 부채 부담 없이 지속해서 투자를 이어 나갈 수 있게 됩니다.

7. 다주택자를 넘어 투자를 넓혀가고 싶어요

다주택자이다 보니 투자 엄두가 안 납니다. 어떻게 극복해야 할까요?

"3주택자이다 보니 더 이상 주택 쪽으로의 투자가 엄두가 나질 않습니다. 지금 보유분에 대해 당장 팔 생각은 없지만 크지도 않은 것들인데 세금 생각하면, 지금 소득으로는 감당할 엄두가 안 납니다. 부자가 되기 위해서는 투자는 여력이 되는 한 계속해야겠다고 생각하지만 쉽지 않습니다.

다주택자를 넘어 부자가 되기 위해 투자 생각을 어떻게 넓혀 가야 할지 조언이 있을까요?"

사연의 주인공은 3주택자입니다. 지금 규제 상황에서 3주택 이상 가진 분들이 투자할 곳들은 마땅치가 않습니다. 자기 자본이 있으신 분도 막상 주택을 추가로 사려면 취득세 중과를 내는 것도 내키지 않고 추가 구매로 인해 늘어날 종부세 부담도 만만치 않습니다. 지금까지는 근로 소득으로 이러한 부담을 어느 정도 감당할 수 있었는데 이제는 한계에 부딪힌 것 같습니다. 그래서, 주택이 아닌 다른 부동산에 투자할까 고민하지만 잘 모르기도 하고 시세차익도 크지 않을 것 같아 망설여집니다. 주택 중에 그나마 취득세 중과가 아닌 공시가 1억 이하를 해볼까도 생각하지만 잘 모르기도 하고 우량 자산이 아니라는 생각도 듭니다. 모름지기, 부동산 투자는 좋은 자산을 장기 보유하는 것이라 배웠는데 현실에서는 벽에 막혀 뜻대로 되지 않아 답답합니다.

이러한 고민은 자연스러운 심리 현상입니다. 혹자는 다주택자면 투자 좀 해봤을 텐데 그런 허들쯤은 당연히 넘어야 하는 거 아니냐고 하지만 그 경계선을 뛰어넘는 일은 말처럼 쉽지 않습니다. 다주택자와 부동산 투자자는 다르기 때문입니다.

● **다주택자와 부동산 투자자는 다르다.**

가진 주택의 가액에 따라서 다주택자를 자산가로 부를 수는 있지만 다주택자라고 해서 모두가 부동산 투자자이지는 않습니다.

부동산 투자자는 다양한 부동산에 대해서 매수와 매도를 통한 이익 실현을 하는 사람을 말하고 다주택자는 주택 등기 자산이 2채 이상인 사람을 말합니다. 이것은 부동산을 바라보는 시각과 행동의 차이를 만듭니다. 예를 들어, 분양권을 바라보는 다주택자와 부동산 투자자의 생각은 다릅니다. 다주택자가 분양권을 살 때는 등기를 칠 생각을 함께합니다. 왜냐하면, 등기를 쳐서 모아가야 부동산 투자라는 생각이 강하기 때문입니다. 반면, 부동산 투자에게는 분양권은 등기 치기 이전에 전매의 대상입니다. 즉, 전매해서 이익을 실현하고 현금화해서 다른 투자로 넘어가겠다는 생각을 먼저 합니다.

　저 역시 3주택자가 되었을 시점에서 세금과 규제로 투자가 막히고 주택 수를 늘리지 못하는 것에 고민하던 적이 있었습니다. 때로는 왜 세금과 규제가 많지 않았을 때 조금 더 주택 수를 늘리지 못했을까 하는 생각을 하기도 했습니다. 특히, 주택임대 사업자 종부세 배제 혜택이 끝나기 전에 주택을 늘리지 못했을까 하는 생각을 많이 했었습니다. 하지만, 지금은 그런 생각을 하지 않고 전보다 더 자유롭게 투자하고 있습니다. 그 생각의 계기가 되었던 것은 바로 부동산을 사서 매도해서 이익을 보기만 하면 된다는 투자자 자세로 바꾸었기 때문입니다. 그렇게 되면서 생각이 열렸습니다.

　소유에 대한 집착에서 벗어나면서 세금에 대한 고민이 줄었습니다. 주택 투자뿐만 아니라 비주택 투자에 관한 생각도 열렸습니다. 그리고, 매도의 시기에 대해서도 고민하지 않게 되었습니다. 이익이 나면 매도한다는 생각으로 바뀌었기 때문입니다.

● 부동산 투자자가 된 다주택자는 자산 확장이 가능하다.

　사고팔아서 이익을 남기는 투자를 잘한다고 해서 자산가가 되지는 않습니다. 예를 들어, 사고팔아서 돈을 버는 부동산 투자자 중에 대표적인 것이 바로 경매 투자자입니다. 기술이 뛰어난 경매 투자자들은 경매로 싸게 낙찰을 받아서 등기도 치기 전에 시세로 내놓아서 매도하고 이익을 확정하기도 합니다. 아마, 경매를 공부하려고 강의 들으신 분 중에는 이러한 기술을 가르치는 강사들을 종종 보신 적이 있을 것입니다. 그런데도, 경매 전업 투자자들 중에 자산가로 발돋움한 사람은 그리 많지 않습니다. 그 이유는 무엇일까요?

　그 이유는 바로 장기 보유해서 돈의 가치 하락에 따른 자산 가치의 상승을 맛보기도 전에 부동산을 팔아버렸기 때문입니다. 즉, 잦은 매수와 매도를 통해 작은 이익을 볼 줄 알았지만 부동산 투자의 진정한 장점인 우량 자산을 장기 보유해서 시세차익을 극대화하는 내공은 지니지 못했기 때문입니다.

　여기서 혹자는 "지금, 무슨 말장난을 하는 것이냐?"라고 반문할 것입니다. 분명, 아까는 다주택자에게 소유의 집착을 버리고 매수와 매도를 통해 이익을 보는 투자자 자세를 가지라고 하더니, 이제는 부동산 투자자에게 장기 보유의 내공이 필요하다고 말하고 있으니 말입니다.

　이는 말장난이 아닙니다. 잠시 흥분을 가라앉히고 조금만 더 들어가 보겠습니다. 부동산 투자는 부동산을 사고팔아서 이익을 남기는 행위입니다. 자산가가 되려면 부동산을 장기 보유해야 합니다. 이 두 명제를 더하면 다음과 같이 됩니다.

```
 부동산 투자자      = 매수 + 매도      = 단기 이익
+ 자산가           = 장기 보유        = 장기 이익
─────────────────────────────────────────────────
 부동산 투자자이자 자산가 = 매수 + 매도 + 장기 보유 = 단기 + 장기 이익
```

여기서 장기 보유를 한다는 것은 무엇을 의미하는 것일까요? 바로 종부세 등 세금과 대출 이자 등 보유에 들어가는 비용을 감당할 수 있는 그릇을 키운다는 것입니다. 이것을 반영해서 위의 도식을 좀 더 풀면 다음과 같습니다.

```
 부동산 투자자      = 매수 + 매도      = 단기 이익
+ 자산가           = 장기 보유        = 장기 이익
─────────────────────────────────────────────────
 부동산 투자자이자 자산가  = 매수 + 매도 + 장기 보유 = 단기 + 장기 이익
                      = 매수 + 매도 + 보유 비용 감당 = 단기 + 장기 이익
                      = 투자 행위를 통한 이익 실현으로 장기 보유 비용을
                        감당할 내공을 키워야 규제와 세금을 극복하고
                        투자를 이어갈 수 있다.
```

어떠신가요? 이렇게 도식해 보니 제 말이 단순히 말장난은 아님

을 조금은 이해하시지 않았을까 싶습니다.

규제와 세금의 한계를 넘어 투자를 이어가려면 소유에 대한 집착을 버리고 이익을 본다는 투자자 자세가 필요합니다. 하지만, 거기서 끝나면 생활형 투자자로 머물게 됩니다. 그것을 벗어나 자산가가 되려면 투자자 자세로 시세차익이든 월세 수익이든 이익을 실현한 투자 수익을 가지고 우량 자산을 장기 보유하기 위한 비용을 감당해 나갈 수 있어야 합니다. 그래야, 비로소 자산을 무한으로 확장해 나갈 수 있게 됩니다.

사연의 주인공이 다주택자로서 투자에 어려움을 겪는 이유는 보유세이든 취득세이든 장기 보유 비용을 현재의 근로 소득에서 감당해 내려는 생각에 머물기 때문입니다. 하지만, 근로 소득에는 한계가 있을 수밖에 없고 그것은 추가 자산의 매입을 망설이게 만듭니다. 강남의 2주택을 가진 직장인들이 종부세 중과를 맞고 나서 한 채를 팔아야 하는지 고민하는 이유도 같은 맥락입니다. 이러한 한계를 뛰어넘으려면 다주택자는 부동산 투자자가 되어야 합니다.

● 자산 확장을 넘어 부자가 되려면 쓸 돈이 많아져야 한다.

이렇게 다주택자에서 부동산 투자자, 그리고 자산 확장의 단계로 넘어갔다고 해서 부자라는 종착지에 다다른 것이 아닙니다. 진정한 부자가 되려면 마지막 관문을 통과해야 합니다.

자산가와 부자를 가르는 기준은 소비를 위해 쓸 돈이 여유롭냐로 가를 수 있습니다. 아무리 자산이 많아도 수중에 쓸 돈이 부족해서 생활이 나아지지 않는다면 부자라고 보기 어렵습니다. 예를 들어, 수많은 법인 투자자들이 수천만 원의 종부세를 내기 위해 별도로 단기 투자를 하고 있지만, 이분들 중 부자처럼 돈을 쓰는 분들은 소수입니다. 다주택자를 넘어 자산을 확장하는 단계에 들어서도 여전히 수중에 쓸 돈을 근로 소득에 의지하고 있습니다. 혹자는 그동안 모은 부동산을 팔아서 노후에 쓰면 되지 않냐고 하겠지만 어렵게 모은 자산을 줄이고 싶은 사람은 없습니다.

부자가 되려면 자산의 규모가 커지는 만큼 쓸 돈도 늘어나야 합니다. 우리가 빌딩과 건물을 가진 연예인을 부러워하는 이유는 그러한 자산은 가치가 커지면서 동시에 월세도 나오기 때문입니다. 결국은, 부자가 되려면 시간 대비 수익을 극대화할 수 있는 사업을 하거나 시세와 월세가 동시에 나오는 부동산을 늘려가야 합니다.

지금까지, 다주택자를 넘어 부동산 투자자가 되어 자산을 확장하고 나아가 쓸 여윳돈이 많은 진정한 부자가 되기 위한 필요충분조건을 살펴보았습니다. 여기까지 읽고 나니 생각나시는 것이 있을 것입니다. 네 맞습니다. 뿌리-줄기-잎 자산으로 이루어진 선순환 부동산 포트폴리오입니다. 전세금 인상분이나 담보 대출로 마르지 않는 초기 종잣돈을 만들어주는 장기 보유 부동산인 뿌리 자산과 초기 종잣돈을 불려주는 단기 시세차익 투자 부동산인 줄기 자산, 그리고 그렇게 불린 여윳돈으로 모아가는 수익형 부동산인 잎 자산을 통해 부자처럼 쓸 여윳돈을 늘려가는 투자 방법입니다.

이러한 부동산 선순환 포트폴리오는 월급쟁이 무주택자가 1주택자에서 다주택자가 되고, 다시 부동산 투자자가 되어 경제적 자유와 부자, 그리고 자산가로 갈 수 있는 현실적인 방법입니다. 그 과정을 하나하나 밟아나가다 보면, 나를 가두어 두었던 고정관념을 깨고 세금과 투자, 사업에 대한 새로운 시각을 얻어 부의 비밀을 알 수 있습니다. 투자 엄두가 안 나는 다주택자분들에게 현실의 벽을 넘을 수 있는 생각의 전환과 용기를 얻는데 조금은 도움이 되었기를 바랍니다.

투자할 때 혼자 결정을 내려야 하는데 어떻게 해야 할까요?

"여기저기 들리는 투자 소식에 등 떠밀려 최근 지방 아파트를 매수했다가 하락장으로 고생하고 있습니다. 제가 제 판단에 따라서 투자하는 게 아니라 분위기에 휩쓸려서 투자하는 걸 느낍니다. 대치동 키즈님은 부동산 투자할 때 거시 경제를 보고 투자하나요. 아니면 상승장이건 하락장이건 입지 및 입주 물량을 보고 투자하나요?

앞으로 투자할 때 저 혼자 결정을 내려야 할 일이 많을 텐데 제가 어떤 기준으로 투자하고 있는지 저도 몰라서 질문드립니다."

사연의 주인공은 여기저기 들리는 투자 소식에 등 떠밀려 부동산 투자를 하셨다가 최근 바뀐 시장 분위기로 인해 어려움을 겪고 계신 분입니다. 어려움을 겪으면서 생각해 보니 자신이 판단에 따라 투자한 것이 아니라 분위기에 휩쓸려서 한 것 같은 생각에 자책을 느끼면서, 앞으로는 분위기에 휩쓸리지 않고 혼자 결정을 내리겠다고 다짐하신 듯합니다. 그러면서, 저에게 혼자 결정하기 위해서는 어떻게 해야 하는지, 무엇을 보고 해야 하는지 문의하셨습니다.

부동산이든 주식이든 투자를 시작하는 순간 우리는 수많은 결정과 선택에 직면하게 됩니다. 부동산 투자 행위 대부분은 결정에 따라 이루어집니다. 부동산 투자를 할지 말지를 결정하는 것부터 시작해서 어디에 무엇을 어떤 가격에 누구를 통해 언제 살지를 결정합니다.

하지만, 그렇게 산다고 해서 끝이 난 것이 아닙니다. 사연의 주인공처럼 시장이 변하면 또 변하는 대로 무엇을 해야 할지 결정의 갈림길에 서게 됩니다. 팔아야 할지, 보유해야 할지, 팔면 얼마에 팔아야 할지, 언제 팔아야 할지, 보유하면 몇 년을 보유해야 할지, 임차를 연장해야 할지 말아야 할지 계속 선택에 시달립니다. 그렇게 간신히 결정해서 실행하면 다행인데 많은 투자자가 돌림 노래처럼 결정을 번복합니다. 가뜩이나 일상에서도 선택할 것이 많아서 매일 고민스러운데 큰돈이 들어가는 부동산 투자는 한 번의 선택으로 인해 인생이 꼬일 것 같은 두려움까지 가중됩니다. 주식처럼 버튼 한 번 눌러서 매수와 매도라도 내 맘대로 되면 다행인데, 부동산은 그 과정에서 온갖 법적인 서류까지 동반됩니다.

매수할지 선택하는 것도 머리 아픈데 계약 서류의 문장 하나하나까지 결정해야 하니 결정장애에 걸릴 것 같습니다. 회사에서 이것저것 결정하면서 멋지게 팀을 이끌던 나는 온데간데없이 사라지고, 매매 계약 하나 결정하지 못해 수화기를 들었다 놓는 사이 다른 투자자가 채가는 것을 경험하고 나면 정신없이 한동안 멍해집니다. 그래서 그런지, 평소에는 남의 말은 듣지도 않고 혼자서 잘만 결정하던 사람도, 투자할 때는 분위기에 휩쓸려서 OO 억을 벌었다는 누군가의 말을 그대로 믿고 추천하는 것에 자신이 어렵게 모은 목돈을 투자합니다. 그렇게 투자하고 나면 맘이 편해야 할 텐데, 고민은 사라지지 않습니다.

왜 회사에서는 모든 일을 착착 결정하고 방향을 제시하는 멋진 직장인인 내가, 부동산 투자에서는 우리의 바람처럼 착착 결정하지 못해 쩔쩔매고 남에게 의존하려고 할까요? 매일 강의를 듣고 글을 읽으며 공부를 하는데도 말입니다. 그것은, 우리가 부동산 지식은 습득했지만, 문제를 해결하는 전략적 사고를 하는 방법을 배우지 않았기 때문입니다. 전략적 사고의 정의는 다음과 같습니다.

"전략적 사고란 최선의 미래를 위해 한정된 자원을 어느 대안에 투입할 것인지를 정하는 생각 과정을 뜻한다."

전략적 사고는 선택을 훈련하는 방법입니다. 선택한다는 것은 최선의 미래를 위해 한정된 자원을 어느 대안에 투입할지를 정하는 과정입니다. 부동산 투자 역시 최선의 미래, 즉 기대 수익을 위해 한정된 자원, 즉 내 자본을 어느 대안에, 즉 어느 매물에 투입할지를 정하는 일련의 과정입니다. 부동산 투자에도 전략적 사고 훈련이 필요한 이유입니다.

● 전략적 사고를 위한 첫 번째 훈련 - 인과관계

전략적 사고를 훈련하면 근미래를 바라볼 수 있습니다. 전문가들이 정부의 정책이 나왔을 때 올리는 칼럼은 '과연 시장이 어떻게 될 것인가'에 대한 이야기가 주를 이룹니다. 이러한 식의 생각이 가능한 이유는 인과관계를 꾸준히 연습했기 때문입니다. 인과관계란 어떤 원인 때문에 초래된 현상을 분석하는 것입니다. 예를 들어, 어느 지역의 특정 시기에 분양 건수가 늘었다고 하면 2~3년 후 그 지역에는 입주장이 몰리게 됩니다. 입주가 시작되면 실거주하려는 사람 혹은 전세를 들어가려는 사람이 기존에 살던 집을 나가 옮겨갈 채비를 합니다. 그러면, 입주장 주변은 전세와 매매 물량이 늘어나게 됩니다. 그 결과, 그 지역 전반으로 공급이 수요보다 일시적으로 늘고 수요공급원리에 따라 가격이 흔들립니다. 이런 식으로 따져보는 것이 인과관계입니다.

이러한 인과관계를 훈련하게 되면 나비효과를 알 수가 있습니다. 사람들의 행동은 계산적이며 본능적이기 때문입니다. 예를 들어,

2022년 6월 21일 발표한 부동산 대책에 따르면, 정부에서 임대료 5%를 올리면 상생 임대인 딱지를 붙여서 비과세 처리해준다고 했습니다. 그러자 당장 물어보기 시작하는 것이, 5%만 올리고 나서 바로 팔아도 비과세 처리해주냐입니다. 이는 손해 보기 싫어하는 계산적인 행동에서 나온 본능적인 질문입니다. 비과세 혜택은 바로 받고 싶지만 2년 동안 보유하고 싶지는 않기에 그런 질문이 나오는 것입니다. 만약, 정부에서 그렇다고 대답한다면 행동은 뻔해집니다. 대부분 사람은 매도하지 않고 우선 5% 인상해서 임대 연장을 할 것입니다. 비과세 이익을 봐야 하니 말입니다. 그리고 나서는 바로 매도에 나설 겁니다. 정부가 번복하기 전에 비과세로 얼른 팔아야 하겠다고 생각할 것이기 때문입니다. 사실 정부 입장에서는 관계 없습니다. 집주인이 바뀌어도 전세 계약은 유효하니 전세 시장은 어쨌든 안정이 될 것이기 때문입니다. 더불어, 비과세로 팔려는 매물이 늘어나서 매매 시장도 안정될 것이니 일거양득입니다. 그런데도 불구하고, 2년 보유를 규정하였습니다. 임차인의 심리적 불안을 잠재워야 하기 때문입니다.

 재미있는 것은 이런 이야기를 들으면 사람들은 너무 당연한 나머지 의심하며 무엇인가 모르는 예외적인 시나리오를 찾으려고 한다는 것입니다. 하지만, 우리가 예측하려는 것은 대중심리이지 소수 의견이 아닙니다. 대중심리는 본능이고 본능은 당연한 순리를 따릅니다.

● 전략적 사고를 위한 두 번째 훈련 - 가지치기

자, 이제 인과관계 훈련을 통해 어떤 사안이 발생했을 때 나올 나비효과를 파악할 수 있게 되었습니다. 하지만, 여전히 결정장애는 남아 있습니다. 왜냐하면, 내 선택을 좌우할 변수는 여전히 많기 때문입니다.

사연의 주인공이 저에게 한 질문을 다시 돌아가 보겠습니다. 저에게 거시 경제를 참조하는지, 수요 공급을 참조하는지, 혹은 제3의 지표를 참조하는지 물어보았습니다. 이러한 질문을 한다는 것은 이미 그 자신은 그 지표들을 모두 참조하기 때문입니다. 문제는, 참고할 지표만큼 결정장애를 일으키는 변수도 늘어난다는 점입니다. 거시 경제만 해도 금리, 인플레이션, 미국 연방준비은행 움직임, 전쟁, 원자재 등등 변수가 넘칩니다. 여기에 지역의 수요, 공급도 봐야 하고 입지도 봐야 하고 상승장이 올 건지 하락장이 올 건지도 봐야 합니다. 이것만 해도 벌써 N차 방정식입니다.

제가 수학올림피아드에서 입상한 수학 천재라면 이러한 모든 변수를 고려한 N차 방정식을 풀어내겠지만 아쉽게도 저는 문과 출신입니다. 이런 문제를 풀어 본 적이 없습니다. 그리고, 저는 저의 능력으로 풀리지 않는 문제에 시간을 보내는 것을 좋아하지 않습니다. 하지만, 부동산 투자 결정은 해야 하니 변수를 줄이기로 하였습니다. N차에서 2차, 아니 1차 방정식을 만들어 버리는 것입니다. 어차피, 수학천재들인 경제학자들도 틀리는 것이 전망인데 변수 몇 개 없앤다고 달라질 것도 없습니다.

그렇다면, 어떤 변수를 쳐내야 할까요? 우선, 지역 불문하고 영향을 주는 어쩔 수 없는 변수부터 쳐 냅니다. 예를 들어, 거시 경제 지표는 지역 불문하고 영향을 주는 변수고 내가 통제하지 못하는 변수입니다. 이런 건 과감히 쳐냅니다. 평균 분포가 넓은 변수도 쳐냅니다. 예를 들어, 전국을 가지고 통계를 낸 자료는 크게 의미를 두지 않습니다. 평균 분포가 너무 넓어서 지역적 수급과 특성이 무시되기 때문입니다. 물론, 전체 시장 분위기가 있으니 무시할 수는 없지만, 매력적인 매물이 나왔을 때 '상승장 후반기'라는 것에서 머뭇거리거나 포기하지는 않습니다.

● 전략적 사고를 위한 세 번째 훈련 - 지피지기

자, 이제 가지치기까지 해서 어느 지역에 투자할지를 결정하고 네이버 검색과 중개소 등을 통해 매물 정보를 찾아보았습니다. 이제는 나온 매물을 보고 무엇을 살지 결정해야 합니다. 이 결정을 위한 세 번째 훈련은 지피지기입니다. 이는 가격이 합당한지를 파악하고 협상하는 과정에서 필요한 훈련입니다.

가격이 합당한지를 알기 위해서는 나를 알고 적을 아는 지피지기가 필요합니다. 여기서 나를 아는 것은, 나의 가용 자금을 냉정하게 따져보는 것을 말합니다. 냉정하게 따지는 이유는 매물을 보다 보면 욕심이 생겨서 무리하기 때문입니다. 아무리 좋은 물건이라도 내 능력치를 넘어서면 배탈이 납니다. 내 몸의 배탈이야 약을 먹으면 되지만 부동산 투자에서 배탈은 자금 경색과 흑자 부도, 극심한 스트레스로 이어집니다. 행복하여지려는 투자가 지옥이 되는 것은 바로 무리를 하기 때문입니다.

적을 아는 방법은 등기부 등본을 떼어 보거나 해서 매물이 나온 내막을 캐는 것입니다. 예를 들어, 등기부 등본 상에 주소가 외지인이라면 아무래도 현지 사정에 어두울 수 있습니다. 물론, 이름난 전국구 고수일 가능성도 있지만, 확률적으로 높지는 않을 것입니다. 이렇게 매도자의 인적 사항을 확인하고 나면, 중개소에 매물이 나온 사유를 물어보면서 매도자의 사정을 이용할 수 있습니다. 요즘 같은 때에는 사정 있는 매물들이 많습니다. 느긋하게 간을 볼 시장이 아니기 때문입니다. 이렇게 나와 적을 아는 과정에서 매력적인 매물을 만날 수 있습니다.

협상에 과정에서도 지피지기가 필요합니다. 상대방의 사정이 급할수록 과감하게 질러볼 수 있습니다. 저 같은 경우는, 습관적으로 수백에서, 많게는 1~2천 깎을 수 있는지 그냥 찔러봅니다. 그리고 상대방의 반응을 살핍니다. 사정이 급하면 중개소에서 먼저 제안을 받아드립니다. 그러면, 바로 더 깎아달라는 식으로 추가 협상에 들어갑니다. 시세가 잘 드러나지 않는 시장일수록 이러한 지피지기는 더욱 빛을 발합니다. 사정을 더 잘 아는 사람이 부르는 것이 가격이 되기 때문입니다.

● 전략적 사고를 위한 네 번째 훈련 - 심리는 상식대로

사연 주신 분의 두 번째 질문은 사람들의 심리에 대한 것입니다. 부동산 시장을 호수와 같다고 가정할 때, 누군가 돌을 던지면 파장이 일어납니다. 그때, 돌이 사건이라 하면 파장은 시장 참여자, 즉 사람들의 심리입니다. 그리고, 그 파장으로 인해 물결이 치듯, 사람들의 심리로 인한 행동들이 나타납니다. 그래서, 심리를 이해하면 행동을 예측할 수 있습니다.

부동산 시장에서의 심리는 대부분 매수와 매도로 이어지는 거래의 심리입니다. 거래 심리의 기본은 남보다 덜 손해 보고 싶어 하는 마음과 남보다 더 이익을 보고 싶어 하는 마음입니다. 여기서 "남보다"는 대중을 말합니다. 사람은 평균을 통해서 안정감을 얻고 싶어 해서 절대적 기준보다는 상대적 기준을 중요하게 생각합니다. 그래서, 내가 절대적으로 손해나더라도 남들과 비슷한 수준이라면 당연하게 여기고 마음이 안정됩니다. 하지만, 그 트랙에서 벗어나면 불안과 초조함을 느끼게 됩니다.

이를 매수와 매도의 행동으로 엮어서 생각해 보면 그 심리를 따라갈 수 있습니다. 일례로 양도세 규제를 풀어주면, 팔고 싶었는데 남는 게 없어 팔지 못했던 사람들이 팔려고 할 것입니다. 그래서, 매물이 늘어납니다. 하지만, 매수자는 관망합니다. 고를 게 많아지니 급할 게 없기 때문입니다. 이렇게 공급이 늘고 수요가 줄면 마음이 급해지는 것은 매도자입니다. 그 결과, 급한 순으로 가격을 낮추는데 이것이 급매입니다. 이러한 급매가 늘어나면 일부 매수자는 사겠지만 대부분은 계속 관망합니다. 가격이 더 내려갈 거라는 생각을 하기 때문입니다. 그러다가, 갑자기 호재가 일어나서 매도자들이 매물을 다 거두어 버리면 매수자는 당황합니다. 사려고 했던 계획 자체가 어그러지기 때문입니다. 이런 식으로 심리를 생각해 보는 것입니다.

지금까지, 투자 시 결정을 내리기 위해 할 수 있는 전략적 사고에 대해서 알아보았습니다. 혹자는, 부동산 투자 하나 하는데 이렇게 복잡하게 알아보고 생각해야 하냐고 반문할 수 있습니다. 이 분에게는 작은 물건 하나 사는 데도 수없이 많은 상품과 비교하면서, 수억이 오가는 부동산 투자에서 이 정도 생각도 안하고 실행을 결정하는 것이 정상인지 반문하고 싶습니다. 이러한 노력도 없이 부동산 투자를 해서 성공하겠다는 생각은 남에게 결정을 맡기는 묻지마 투기와 다를 게 없습니다. 투자의 책임은 오롯이 자신에게 있습니다.

열의는 넘치는데, 실행하기가 너무 어려워요.

"현재 1주택에 분양권 1개를 가지고 있습니다. 뭔가 좀 더 투자하고 싶은데 마땅치가 않아 여기저기 기웃거리고만 있습니다. 마음은 멋지게 투자하고 싶은데, 확신이 없다보니, 망설여지는 것도 있고 투자를 위한 여유자금이 많은 것도 아니어서 어려워요.

갈아타기도 준비 중이라 갈아타고 나서 뭔가 투자해야 하나 싶기도 하면서도, 조급한 마음에 갈아타기를 포기하고 주택을 늘려야 하나 싶기도 하고.. 아직 지식이 부족해서 뭐가 맞는 건지 이리저리 휘둘립니다.

수익형 부동산도 기웃거리고 있는데 사업자를 내고 장기로 끌고 갈만한 것을 고르기엔 안목이 없어 단타로만 접근하려고 하니 그것도 마땅치가 않네요. 계속 기회를 보는 것도 FOMO[1]가 오고 마음만 조급하게 먹게 되어요. 나름대로 강의도 듣고 칼럼도 읽어보면.... 실제로 투자를 해봐야!! 실력이 는다고 하는데 실행을 마음먹기 너무 쉽지 않습니다."

이번 사연은 열의가 넘치지만 실행까지 가기가 힘든 분의 고민입니다. 열의가 오르고 동기 부여를 받아도 막상 실행하려면 경험 부족에서 오는 여러 가지 심리적 장벽이 생깁니다. 무엇을 먼저 해야 할지도 모르겠고 이 길이 맞는지도 모르겠고 이 물건을 사야 할지도 모르겠습니다. 이것도 해보라고 하고 저것도 해보라고 해서 기웃거리기는 하지만 괜히 휘둘리는 것 같아서 불안합니다.

안목을 키우라고 해서 강의도 듣고 칼럼도 읽어보고 카카오톡 방에서 어디 좋은 물건이라고 소문도 들어 중개소에 전화해 보지만 막상 매물을 추천받았을 때는 망설이고 맙니다. 그러다가, 나중에 올랐다는 소리를 듣고 괜히 자신이 미워지기도 합니다. 이제는 이런저런 소문을 들을 때마다 FOMO가 오고 마음이 조급해지다 보니, 너무 힘이 들어서 부동산 투자를 멈출까도 생각하지만, 통장에 들어 있는 돈을 보는 것도 힘이 듭니다. 이러한 혼란과 심리적 장벽은 비단 초보자만의 감정은 아닙니다. 이런저런 경험을 해본 저도 아직 처음 도전

---

1) FOMO(fearing of missing out) 유행에 뒤처지는 것에 대한 공포심리, 소외되는 것에 대한 불안감 증후군

하는 분야에서는 막연한 생각이 들 때가 많습니다. 나름 이 바닥에서 이런저런 경험을 한 저도 이런데, 투자 경험이 많지 않은 사람들은 투자하기가 말처럼 쉽지 않을 수 있겠다는 생각이 들었습니다.

다시 돌아가서, 사연자님의 고민에서도 드러나듯이 부동산 투자에서 가장 힘든 것이 바로 실행입니다. 실행이 어려운 가장 큰 이유는 자신의 생각을 확신하지 못해서입니다. 자기 확신하지 못하는 이유는 여러 가지가 있습니다. 멀리 보면 금리 인상이나 유동성 축소 같은 대외적인 변수가 걱정돼서 일 수도 있고, 가까이 보면 이 물건에 대해 잘 알지 못해서 일 수도 있습니다. 혹은, 투자는 하고 싶은데 내가 지금 무엇을 먼저 해야 할지 몰라서 일 수도 있습니다. 돈이 부족해서 좋은 물건을 하지 못할 것 같다고 생각할 수도 있습니다.

이렇듯 실행을 망설이게 하는 이유는 다양하지만 밑바닥에 흐르는 심리는 하나입니다. 바로, "내가 이 물건을 사서 손해를 보고 고생하면 어쩌지?" 라는 손실 회피 본능입니다. 이러한 손실 회피 본능을 이겨내고 실행하기 위해서는 자기 확신을 가지는 과정이 필요합니다. 자기 확신의 과정은 매일 누군가에게 기도하거나 점을 보러 간다고 얻어지는 것이 아닙니다. 나보다 실력이 뛰어나다고 여기는 누군가에게 나의 투자를 맡겨도 해결되지 않습니다. 맡기는 순간은 손실 회피 본능을 피할지도 모릅니다. 하지만, 그 순간이 지나면 다시 손실 회피 본능이 발현되어 불안해지긴 마찬가지입니다. 그리고 결국 잘되면 내 탓, 안 되면 남 탓만 반복하는 투자를 하게 됩니다. 과거 이런저런 투자에 실패할 때 저의 모습이 이러했습니다.

이러한 오류와 함정에 빠지지 않기 위해서는 반복되는 학습을 통해 자기 확신 능력을 개선해 나가야 합니다. 몇 가지 제가 해온 실천 방안을 말씀드리겠습니다.

● **무엇을 할지 모르겠다면 가장 쉽게 이해되는 것을 하자.**

처음 부동산 투자를 할 때, 무엇을 할지 정하기가 어려운 이유는 처음부터 최고의 수익을 내고 싶은 마음이 앞서기 때문입니다. 분양권 전문가는 최고 수익을 위해 분양권 할 때라고 하고 갭투자 전문가는 지금 갭투자할 때라고 하고 수익형 부동산 전문가는 현금 흐름이 중요한 지금 수익형 부동산에 투자할 때라고 하니 듣는 사람 처지에서는 다 지금 안 하면 안 될 것으로 보입니다. 돈이 많아 이것저것 다 하면 좋겠지만 나의 총알은 한 발이니 행여나 잘 못 선택할까 두렵습니다. 제일 많이 오를 것을 선택을 하고 싶어 여기저기 알아보며 신중하지만, 확신이 없다 보니 결국 아무것도 선택할 수 없습니다.

투자해보니 오를 때와 물건을 아는 것은 실력이지만, 가장 많이 오르는 물건을 선택하는 것은 운의 영역입니다. 입지적으로 똑같은 지역이라도 단순히 몇몇 투자자들이 찍었다는 이유로 옆 동네와 앞 동네의 수익이 달라지는 것이 부동산 투자입니다. 사후 분석이야 그럴싸하게 할 수 있겠지만 사실은 그저 운이 좋았을 뿐입니다. 그리고, 최고라는 말은 비교당하기 쉽습니다. 그 동네에서 최고로 투자

운이 좋았던 사람도 길 건너 더 오른 동네에 투자한 사람을 만나 비교당하면 또 후회됩니다. 그러한 비교와 후회는 자기 확신을 떨어뜨립니다.

그러므로, 자기 확신을 높이려면 최고의 수익을 찾아 헤매기보다는 가장 이해가 잘 되는 것부터 집중할 필요가 있습니다. 학창 시절을 되돌아보면, 여러 과목 중에서도 유독 이해가 쉬운 과목이 있습니다. 그런 과목은 조금만 공부해도 쉽게 고득점을 맞습니다. 부동산 투자도 마찬가지입니다. 갭투자, 분양권 투자, 재개발/재건축 투자 등 같은 주택 분야라도 여러 종목이 있고 나에게 유독 쉽게 다가오는 분야가 있습니다. 쉽게 이해가 되면 응용력이 생기고 해볼 만하다는 생각이 듭니다. 그러면, 그 분야부터 시작하면 됩니다. 그렇게, 쉽게 이해되는 것부터 경험하면서 응용력을 쌓아가면 자기 확신을 만들어 갈 수 있고 머리가 트이면서 다른 분야로 넘어가기 쉬워집니다.

저 역시 그렇게 이해하기 쉬운 것부터 시작했습니다. 처음에는 아파트 갭투자로 시작해서, 재개발 투자로 갔다가 분양권 투자로 확장하였습니다. 종목 역시 아파트로 시작해서 오피스텔로 갔다가 생활형 숙박시설 등 대체 주택으로 넘어갔습니다. 비주택도 마찬가지로 오피스텔로 시작해서 상가로 넘어가고 지식산업센터로 확장한 후 그다음 단계로 넘어가고 있습니다. 그렇게 할 수 있는 이유는, 쉬운 것부터 확실하게 알고 나니 응용력이 생기면서 처음에는 어려웠던 다른 분야도 쉬워졌기 때문입니다. 그 과정에서 투자 성과도 점점 좋아지고 있습니다. 응용력과 경험이 확장되면서 기회를 보는 눈이 넓어졌기 때문입니다.

● 쓸데없는 나만의 명분을 따지는 것은 아닌지 되돌아보자.

투자자 중에 투자를 정말 잘하는 분이 한 분 있었습니다. 이런저런 이야기를 하다가 제가 투자한 물건과 투자하지 않은 물건에 대한 이런저런 이유를 대니, 재미있는 표정으로 지켜보다가 한마디 하였습니다.

"아니, 투자하는데, 왜 명분이 필요해요? 그냥 산술적으로 싸다 비싸다 답 나오면 하는 거지. 나도 투자할 때 이런저런 이유를 붙이며 많이 고민해왔지만, 지금은 솔직히 무슨 의미가 있나 싶어요. 투자자끼리 돌리든 실수요에 팔든 간에, 결국 수요와 공급 곡선 안에서 노는 것 이상도 이하도 아닌 것 같아서요."

이 이야기를 듣는 순간 망치로 한 대 맞은 듯한 느낌이 들었습니다. 내가 이 물건에 대해 부친 온갖 이유가 사실은 말장난에 불과한 것은 아닐까 하는 의문이 들었기 때문입니다. 그리고 보니, 투자를 정말 잘한다고 생각하는 지인들의 투자 결정을 보면 어떠한 수학 공식을 풀어내는 듯한 모습을 보일 때가 많습니다. 어떻게 보면 상당히 건조하다 싶을 정도로 가격과 수급에 집착합니다. 그리고, 가격이 싸다 비싸다가 결론이 나면 앞뒤 안 보고 매수합니다.

반면에, 대부분 사람은 맘에 드는 물건을 발견하였을 때 그 물건을 사야 할 명분을 위해 다양한 이유를 만듭니다. 데이터를 끌어다 쓰기도 하고 유명하다는 고수의 말을 인용하기도 하며, 심지어 점을 보기도 합니다. 그렇게 따져보고 옳은 결정을 한 거 같아 매수하지만, 막상 내 명분대로 흘러가지 않을 때가 많습니다. 분명 입지도 별로고 호재도 없는데 가격이 싸다는 이유로 확 오르기도 하고 내가 만든 기준에 부합해서 신중하게 골라 샀는데 영 신통치 않은 경우도 많습니다. 그래서, 내가 무슨 명분을 놓쳤다 싶어 불안한 마음에 팔았더니 그다음 날부터 갑자기 오르기 시작하기도 합니다.

명분을 위한 명분을 만든다는 말이 있습니다. 우리가 만드는 명분들이 오히려 실행을 주저하게 만드는 것일 수도 있습니다. 내가 매수 혹은 매도하려는 부동산은 현시점의 수요와 공급, 가격이 적정한가, 그리고 나의 투자 계획에 부합하는 것인가로 단순하게 생각하면 실행력을 높일 수 있습니다.

● **실행을 결정하는 것은 안전 마진과 수익률이다.**

투자를 하기 전 너무 많은 변수를 고려하시는 분들이 있습니다. 대선에 누가 될지, 미국 연방준비은행, 금리, 채권 흐름, 출산율, 일본 사례 등등 거시 지표는 물론 5~6년 후의 매수세와 공급 예측, 개발 호재, 지역의 산업 흐름 등등 미시적 지표까지 변수에 고려하시는 분들을 많이 봅니다. 이러한 지표들은 중요하고 참조할만 하지만, 내가 통제할 수 없는 지표들에 매몰되면 투자할 수 있는 시기는 단 한 순간도 오지 않습니다. 그렇게 변수를 고려하고 잴 동안 상승장이든 하락장이든 일단 뛰어든 사람들은 돈을 벌었습니다.

중요한 것은 지금 내가 사려는 물건이 안전 마진과 수익률이 나오는가입니다. 투자할 때 이것만 계산해서 답이 나오면 실행하면 됩니다. 왜 그런가 하면, 위에서 언급한 모든 변수를 고려한 사람들의 집단 지성이 응집돼서 나온 결괏값이 바로 여러분이 보고 있는 현재 가격이기 때문입니다. 그렇다면, 할 일은 그 가격에 집중해서 그 가격이 안전 마진과 수익률을 줄 수 있는 것인지만 판단하면 되는 것입니다.

안전 마진을 가늠하는 가장 쉬운 방법은 비슷한 물건과 비교하는 것입니다. 예를 들어, 분양권을 하나 살려고 한다면 분양 가격+프리미엄을 인근 신축 가격과 비교해 싼지 안 싼지 판단하는 것입니다. 시세차익 형 투자의 기본 원칙 중 하나는 가격 차이, 즉 갭 메꾸기이기 때문입니다. 인근에 무엇이 없으면 범위를 넓혀 비교하면 그만입니다. 취향에 맞게 점수화해서 하셔도 되고 어림짐작으로 판단하셔도 됩니다. 수익형 투자 시에는 월세 수익률 계산을 반드시 해야 합니다. 임대 시세와 매매 시세를 파악해서 수익률이 대출 이자+보유세+관리비를 감당하고도 남는다면 실행하면 됩니다. 임대 시세와 매매 시세는 네이버 부동산이나 교차로에 올라온 비슷한 매물로 찾으면 알 수 있습니다. 분양 직원의 말은 반만 믿어야 합니다. 주변 임대 시세에 맞춘 분양가가 아니라, 분양가를 높게 설정하고 그것에 임대 시세를 맞춰서 설명하기 때문에 과장된 경우가 많습니다. 그래서, 스스로 주변 임대와 매매 시세를 확인해서 말의 진의를 따져봐야 합니다.

● 능숙한 투자자인 척하자

몇 년 전에 인기 있었던 '스트리트 우먼 파이트'라는 춤 대결 TV 프로그램을 보면, 춤을 잘 추든 못 추든 나오는 댄서들은 모두 자신감에 차 있는 모습입니다. 의기소침한 순간 기에 눌려 먹잇감이 된다는 것을 본능적으로 알기 때문입니다. 부동산 투자 세계도 마찬가지입니다. 거래도 결국 상대방과의 기 싸움이다 보니 자신감 있고 능숙한 투자자인 척하는 것이 효과를 볼 때가 많습니다.

저도 부동산 초보자인 시절이 있었습니다. 그런데도 능숙한 투자자처럼 행동했으며 자신이 없어도 자신 있는 척했습니다. 오피스텔이나 상가, 생활형 숙박시설, 지식산업센터 투자를 처음 할 때도 마치 많이 해 본 것처럼 행동했습니다. 그들이 알고 속든 모르고 속든 능숙한 투자자처럼 행동하면서 실행 의지를 보여주면 거래를 맺기 위해 중개인들도 이런저런 정보를 알려줍니다. 정보만 듣고 망설이는 초심자보다 능숙한 투자자가 더 거래하기 쉽다는 것을 경험으로 알기 때문입니다. 남보다 많은 정보를 알게 되면 판단 능력이 좋아질 수밖에 없고 결국 능숙한 투자자가 됩니다.

능숙한 투자자인 척하는 가장 쉬운 방법은 네이버에서 시세 파악해서 가는 것입니다. 모든 투자 대화는 결국 가격 이야기입니다. 경험상 중개소에 가서 그 지역의 시세를 이야기하면서 대화를 시작하면 대부분 주도권을 잡을 수 있었습니다. 밑져야 본전이니 한 번 해 보시길 추천해 드립니다.

지금까지, 열의는 넘치는데 투자 실행하기 어려운 이유와 자기 확신을 하고 투자의 영역을 확장하는 방법에 대해서 생각해 보았습니다. 마음으로는 첫술에 배부르고 싶은 것이 사람 마음이지만 현실은 첫술에 배불을 기회를 쉽게 주지 않습니다. 운이 좋아 첫 투자에 좋은 성과를 냈다 해도 그것은 운이었을 뿐입니다. 그 운을 실력으로 바꾸려면 자기가 쉽게 이해되는 것부터 하나하나 차근차근 경험을 쌓아 다른 분야로 확장해 나가는 노력이 필요합니다. 그 과정에서 자기 확신은 높아지고 그에 맞추어서 투자 성과가 올라가게 됩니다. 오늘도 실행에 머뭇거리는 분들에게 작은 도움이 되었으면 합니다.

새로운 부동산 분야
투자의 두려움을 이기는
방법은 무엇인가요?

"투자에 대한 초기 인사이트는 어떻게 얻으시는지요? 지식산업센터, 오피스텔, 분양권 등을 처음 접할 때 잘 모르는 분야에 대한 두려움 같은 것이 있을 텐데 확신하고 어떻게 공부하였는지 궁금합니다."

이번 주제는 새로운 부동산 분야 투자에 대한 두려움을 이기는 방법입니다. 사연을 주신 분은 시장의 흐름과 다양한 상품에 대해 접하면서 실행을 고민해 오신 분입니다. 하지만, 그동안 해온 주택 부동산 투자와 접근이 다른 분야이다 보니 시작에 대한 두려움이 앞섰습니다. 어떻게 시작해야 할지 막연한 느낌도 들고 인터넷의 글이나 책, 혹은 강의를 들어보아도 가까이 느껴지기보다는 멀게 느껴지다 보니 행여나 섣불리 투자했다가 손해를 보거나 괴로워지지 않을까 하는 생각에 어렵다고 느끼신 듯합니다.

저 역시 이러한 두려움을 잘 알고 있고 충분히 공감하고 있습니다. 그동안 다양한 물건에 투자한 저 역시 아직 해보지 않은 물건들이 너무 많습니다. 특수 분야의 부동산은 책이나 강의를 그동안 꽤 들었음에도 시작하기가 여전히 막막한 느낌이 듭니다. 이미 경험이 있는 그 분야의 고수들이 너무나 쉽다고 말하는 것이 전혀 와닿지 않은 적도 많이 있습니다. 예전에 어떤 강사가 "내가 다 말해 줄 수 있는 이유는 이것을 설명해도 아무도 실행하지 않기 때문입니다."라고 말한 이유가 이해되기도 합니다. 그래서, 본 사연을 접하였을 때 어떻게 설명해 드리면 좋을지 조심스러웠습니다. 서로 간의 경험이나 두려움의 차이가 있기 때문입니다. "그냥 지르시면 돼요"라는 식의 답변은 괴리감만 생길 뿐입니다. 나에게 쉬운 것이 남에게는 어려울 수 있습니다.

● 막연한 이유는 실체를 눈으로 보지 않았기 때문이다.

제목에도 나와 있지만 새로운 분야에 투자하려면 우선 두려움을 이겨내야 합니다. 투자를 하는 데 있어 생기는 두려움의 실체는 크게 두 갈래입니다. 첫 번째는 잘 모르는 것에 대해 막연함이고 두 번째는 분위기에 휩쓸려 사기를 당하거나 손해를 보지 않을까 하는 손실회피심리입니다.

첫 번째 두려움인 잘 모르는 것에 대해 막연함을 이기기 위해 쉽게 떠올리는 방법은 해당 부동산 분야를 다루는 책이나 블로그 글을 읽어보거나 관련 강의를 듣는 것입니다. 저 역시, 잘 모르는 분야를 처음 접근할 때, 관련 책을 먼저 찾아봅니다. 하지만, 책을 읽는다고 해서 바로 실행할 수 있다는 자신감을 얻기는 극히 드뭅니다. 그 분야가 어떻고 왜 투자할 만한지 책에서 힌트를 얻을 수는 있지만 막연함이 가시지는 않기 때문입니다. 그래서, 책을 읽고 나서 사람들이 좀 더 찾아보는 것이 저자의 블로그 글이나 일일 강의입니다. 이러한 글이나 강의에서는 일반적인 수준으로 쓰인 책보다는 좀 더 현장감 있게 설명하는 경우가 많습니다. 하지만, 이러한 글이나 강의 역시 막 연한 느낌을 조금 더 가시게 해주긴 하지만 완벽히 해소해 주지는 않습니다. 예를 들어, 지식산업센터라는 종목에 대해서 투자 가치가 있다고 현장감 있게 어떻게 시작하고 매수를 할 수 있는지 강의를 듣고 공부해도 쉽게 발이 떨어지지 않습니다. 공장이라는 단어가 주는 이미지가 심리적 장벽을 치기 때문입니다. 우리가 매체를 통해 보아온 공장 = 산업단지 = 제조 = 기계로 연상되는 이미지는 주택과 달리 일상과 동떨어진 차갑고 무거운 느낌이 듭니다.

그 이유가 무엇일까요? 그것은 바로 실체를 눈으로 들여다본 적이 없기 때문입니다. 우리가 지식산업센터를 막연하게 느끼는 이유는 가본 적이 없기 때문입니다. 여기 계신 분들 중에는 가산이나 구로 등지를 한 번도 가본 적이 없는 분들이 많으실 것입니다. 아마, 학창 시절 교과서에서 본 구로 공단을 아직 연상하시는 분들도 있을 것 같습니다. 저 역시도 책을 읽을 때만 해도 그랬습니다. 가산 디지털 산업단지라는 말에서 "아, 산업단지?"라는 탄식이 먼저 나왔으니, 말 다 했습니다.

의심이라는 감정은 매우 어리석어서 아무리 설명을 해줘도 오감으로 직접 경험하지 않으면 확신하지 않습니다. 그 오감 중에서 특히 눈은 의심이라는 감정을 해소하는 데 결정적입니다. 아무리 귀로 듣고 손으로 만져도 눈으로 보기 전까지는 실체를 확신하지 못하는 경우가 많습니다.

● **모르면 일단 가서 눈으로 보자.**

저는 잘 모르는 분야를 처음 접근할 때는 관련 책 1-2권 정도 읽어 본 후에 바로 분양 현장이나 중개소를 갑니다. 물론, 가기 전에 약속 잡고 전화해서 매수 의향이 있음을 밝히고 갑니다. 그렇게 약속 잡고 가면 대부분 친절하게 알려주는 것 같습니다. 사러 오겠다는 사람에게 문전 박대하기는 쉽지 않습니다. 특히, 분양사 직원들은 손님 유치해야 하니 친절하게 알려줍니다. 그렇게 가서, 물어볼 거 다 물어보고 나서, 사전 의향서 하나 적고 나옵니다. 사전 의향서는 그야 말로 내가 청약할 의향이 있다는 의사를 표시하는 것으로 가계약금 을 내지 않습니다. 내 돈 들어가는 것이 아니니 저는 손해 볼 것이 없 습니다. 행여나, 사전 의향서를 제출하는 데 분양 담당이 가계약금이 나 수수료를 요구한다면 이는 불법이니 거절하고 나오시면 됩니다.

현장을 먼저 가는 이유는 현장감을 눈으로 확인하기 위해서입니 다. 또한, 책이나 강의보다 현장이 가장 최신 정보이기 때문이기도 합니다. 책이나 강의는 이미 시의성을 잃어버리는 경우가 많고 한 다 리 건너서 듣는 정보입니다. 그래서, 확신하고 실행하려면 최신 동향 을 아는 것이 중요한데 분양이나 중개 현장만큼 좋은 곳은 없는 것 같습니다.

● 손실 회피의 두려움은 싸다고 느끼면 해소된다.

이렇게 현장을 가서 본 후 첫 번째 두려움인 막연함을 해소했다고 하더라도 실행까지는 갈 길이 하나 더 남았습니다. 바로 손실 회피의 두려움입니다. 손실 회피의 두려움은 "내가 혹시 속거나 해서 비싸게 주고 사는 것은 아닐까?" 하는 의심에서 나오는 두려움입니다.

재미있는 것은 이러한 손실 회피의 두려움은 내가 싸게 산다는 감 정이 드는 순간 해소된다는 점입니다. 싸게 산다는 감정은 여러 가지 이유로 생깁니다. 다른 것보다 싸 보여도 싸게 사는 것 같고 전에 비쌌던 것이 할인해도 싸게 느껴집니다. 지금 비싸도 미래의 호재로 인해 더 오를 것이라는 판단도 지금 사는 것이 싸게 사는 것이라는 감정을 만들어 냅니다. 내가 보기에 비싸 보이는 데 실력 있는 누군가 "이거, 지금 사야 해요."라고 말한다면 갑자기 싸게 보입니다. 이유야 어찌 되었든 싸게 느껴진다는 생각이 드는 순간 손실 회피의 두려움은 사라집니다.

제가 새로운 분야에 실행을 감행하는 이유도 별반 다르지 않습니다. 현장에서 접한 정보와 제 인사이트를 결합해서 성공 방정식을 생각해 보고 싸게 산다고 느껴지면 실행합니다. 기준은 내가 지금 시기적으로 혹은 지역적으로 아니면 같은 분야이든 이종 분야이든 비교 대상 대비 싸게 살 수 있는가입니다. 그것을 파악해서 확신이 서면 실행을 하는 편입니다.

● 싸게 사는 것은 위험에 대한 두려움도 줄여준다.

싸게 사는 감정은 손실 회피의 두려움을 사라지게 하는 데에도 중요하지만, 위험부담을 줄이는 데도 효과적입니다. 새로운 투자를 망설이는 다른 이유 중 하나는 "이거, 내가 모르는 위험 요소가 있는 것은 아닐까?" 하는 점입니다. 자칫, 발을 담갔다가 임차를 주지도 못하고 매도하지도 못하는 것은 아닐까 하는 걱정이 있습니다.

건물 구조적으로 문제가 있는 경우가 아니라면 임차를 주지 못하거나 매도하지 못하는 문제는 대부분 비싸게 사서 그렇습니다. 비싸게 사면 월세 수익률이 떨어지거나 자기 자본이 많이 들어갑니다. 그래서 이것을 보전하기 위해 비싼 임차를 원하게 됩니다. 매도 시에도 비싸게 주고 사면 더 많은 차익을 원합니다. 비싸게 주고 산 만큼 제값 받고 팔겠다고 생각하기 때문입니다. 이러한 것들이 쌓여 위험이 늘어납니다. 반면에, 싸게 사면 싸게 임차를 내놓아도 수익률이 나옵니다. 싸게 사면 전세가를 내려 잡아도 마음이 편합니다. 싸게 사면 최고가에 굳이 팔지 않아도 수익을 챙길 수 있습니다. 이 모든 것이 내 물건의 경쟁력을 만들어 주면서 임차나 매도 위험을 줄여줍니다. 혹자는 이렇게 얘기할 수 있습니다.

"초보자가 어떻게 싸게 사나요?"

여러분은 싸게 사는 방법을 이미 잘 알고 있습니다. 부동산 투자는 물건을 사서 파는 것입니다. 온라인 상점에서 물건 살 때와 팔 때는 잘 생각해 보면 원리는 다르지 않습니다. 사려는 물건의 매물을 여러 개 보면서 가격 대비 물건 상태가 좋은지 최신인지를 따져보고 가성비가 좋은 것을 삽니다. 그리고 팔 때는 리스트를 보고 시세 파악해서 내 물건과 비교해 보고 조금 더 비싸게 내놓을지 싸게 내놓을지 결정합니다. 빨리 팔아야 하면 싸게 내놓습니다. 물건 살 때나 팔 때나 맨 먼저 하는 것은 시세를 파악한 후 비교하는 것입니다.

부동산 투자도 마찬가지입니다. 내가 관심 있는 매물의 주변 시세를 네이버 부동산 혹은 교차로 등지에서 파악해서 비교하는 것입니다. 네이버 부동산에는 주택뿐만 아니라 상가, 공장, 지식산업센터, 사무실, 오피스텔 등 다양한 상품의 시세와 매물과 임차 정보를 실시간으로 제공하고 있습니다. 지방은 각 지역 교차로 사이트를 통해서 매물 정보를 추가로 확인할 수 있습니다. 건물이라면, 디스코나 밸류맵 앱 등에서 최근 실거래가를 확인해 볼 수 있습니다. 이것들을 조사해서 평당가로 환산해 비교하면 싼지 비싼지를 알 수 있습니다. 예를 들어, 조사를 통해 알아본 임대 시세는 평당 3만 원인데 분양하는 상가는 평당 5만 원에 얘기한다면 그 상가는 비싼 것입니다. 검증 안된 상가에 평당 5만 원을 주고 들어올 임차인은 없기 때문입니다. 만약, 그 조건에 임대를 이미 맞췄다고 홍보했다면, 그 진위를 의심해 보는 것입니다. 이런 식으로 접근하면, 새로운 분야의 물건이라도 분위기에 휩싸이지 않고 더 냉정하게 가치를 평가할 수 있습니다.

● 두려움보다 더 큰 목표를 세워보자

올림픽 메달을 목표로 하는 사이클 선수가 있습니다. 목표 달성을 위해 매일 계획을 세우고 연습합니다. 하지만, 연습하는 과정에서 열악한 트랙과 생소한 환경의 전지훈련으로 인해 이런저런 부상을 당하기도 하고 중도 포기하고 싶은 생각도 듭니다. 하지만, 한 차원 높은 원대한 꿈이 있기에 그러한 위험과 심리적 취약점을 이기고 밀고 나갑니다.

제가 추구하는 것도 같습니다. 뿌리-줄기-잎 포트폴리오 완성을 통한 경제적 자유를 얻는다는 원대한 목표를 잡고 그에 맞는 자산 기준을 정해 실행해 나갑니다. 물론, 나아가는 과정에서 새로운 도전과 위험에 노출되기도 하고 겁을 먹기도 합니다. 하지만, 원대한 목표가 있어서 이겨내고 밀고 나갑니다.

하락장 투자도 마찬가지입니다. 상위 목표를 잡는다면, 시황에 흔들리지 않고 매입을 결정할 수 있습니다. 단순하게는, 100억 자산가가 되겠다고 하면 100억 채울 때까지 자산을 사 모으면 됩니다. 상승장에서 100억 채웠는데 하락장 돼서 50억이 됐다고 실망할 게 아닙니다. 50억을 더 채울 목표를 세우고 하락장에서 나머지 50억을 채우면 사이클과 관계없이 내 자산은 100억이 되게 됩니다. 극단적이긴 하지만 그렇게 목표 의식을 가져보는 것입니다.

지금까지 새로운 분야에 대한 두려움을 이기는 방법을 말씀드렸습니다. 경험 많은 투자자도 새로운 분야에 도전할 때는 두려움이 생길 수밖에 없습니다. 하지만, 두려움 대부분은 어둠상자에 손을 넣는 것처럼 눈으로 보지 않아서 생기는 것들입니다. 그러므로, 가서 현장을 눈으로 보고, 확인하는 과정에서 없어집니다. 그리고, 마치 온라인 상점에서 물건 비교하듯 싸게 산다는 확신이 들 때까지 시세 비교하면 서서히 눈에 들어오게 됩니다. 특별한 비법이 아닌 누구나 할 수 있는 것입니다. 단지, 차이라면 하고 안 하고 입니다.

COFFEE BREAK

시황에 흔들리지 않는 투자를
하려면 돈의 원칙이 중요합니다.

"이제 3년 차 접어든 직장인 투자자입니다. 요즘 들어 부쩍 생각이 많아지니 고민도 많아지는 것 같습니다. 이러한 고민의 원인을 잘 생각해보니 아무래도 제가 투자에 대한 원칙이 아직 잘 확립되지 않아서인 것 같습니다.

부자가 되는 사람들은 각자에게 맞는 투자원칙을 가지고 있고, 최대한 그 원칙을 지키려고 노력한다고 들었습니다. 10년 넘게 투자를 이어오신 키즈님은 어떠한 원칙을 가지고 투자하는지 궁금합니다. 투자원칙들은 몸소 경험으로 얻은 것이 더 많은가요? 아니면 책이나 멘토들에게 얻은 것이 많은가요?

요즘 투자 물건에 대해서 분석해 보다보니 제 원칙에서 벗어나서 조금만 타협하면 수익을 낼 수 있을 것 같다는 생각이 드네요. 저도 모르게 빨리 부자가 되고 싶은 마음에 "욕심"이라는 것을 내고 있던 게 아닐까 합니다."

이번 사연은 투자원칙에 대한 것입니다. 사연을 주신 분은 3년 차에 접어든 직장인 투자자로 달라진 부동산 시장을 경험하면서 고민이 많아지셨습니다. 그리고, 이러한 고민의 원인을 생각하니 투자에 대한 원칙이 없어서라는 결론에 이르렀습니다. 그래서, 원칙이 있으면 욕심과 타협하다가 곤란을 겪는 일이 줄지 않을까 하는 생각이 든 것 같습니다.

● 투자자 모두는 기준을 가지고 시작한다. 단, 흔들릴 뿐….

투자를 하는 사람이면 누구나 가지고 싶어 하는 것이 바로 기준입니다. 기준을 가지고 싶어 하는 이유는 수시로 사건 사고가 일어나는 투자 시장에서 발생하는 각종 소음으로부터 마음의 평정심을 얻고 싶어 하기 때문입니다. 그래야, 흔들리지 않고 수익이 날 때까지 버틸 수 있다고 생각합니다. 그래서, 투자 시장에 뛰어드는 모두는 나름의 기준을 가지고 시작합니다. 예를 들어, 주식을 처음 시작하는 사람이 가지는 대부분 기준은 "나는 무조건 우량주만 할 거야."입니다. 왜냐하면, 삼성전자 같은 우량주를 보유하면 잡다한 주식보다는 마음의 평정심을 얻을 것 같기 때문입니다. 하지만, 사람의 마음은 갈대와 같아서 삼성전자도 4만 전자가 되어 버리면 평정심은커녕 매일 잠을 이루지 못합니다. 분명 나는 무조건 우량주만 할 거라는 기준을 잡아서 했고 마음이 평온해야 하는데 그렇지 않기 때문입니다. 그렇게, 삼성전자에 대해 의심을 시작하다가 도저히 참지 못하고 한국의 대표 우량주를 매수한 지 일주일도 안 돼 팔아버립니다. 그리고, 다른 기준을 찾아 기약 없는 여정을 떠납니다.

부동산 투자도 별반 다르지 않습니다. 처음 투자를 시작할 때는 "나는 입지 보고 하는 가치 투자를 할 거야."라고 모두가 다짐을 합니다. 왜냐하면, 부동산 공부 1교시 과목이 바로 입지이기 때문입니다. 어떤 교육이든 1교시 과목이 가장 집중도 잘되고 재미가 있다 보니 입지를 배우면서 대부분 가치 투자를 할 것이라는 기준을 세우게 됩니다. 하지만, 막상 투자하려고 보니 누구나 아는 입지 좋은 곳은 내 돈으로 할 수 없는 경우가 대부분입니다. 그렇다고, 돈에 맞춰 눈을 낮추자니 배운 것이 적용되지 않는 것 같아 불안해집니다. 왜냐하면, 입지를 가르치는 강사는 반박당하지 않기 위해 대한민국 최고 입지를 예시로 들기 때문입니다. 이때부터 기준이 흔들리면서 고민이 시작됩니다. 급한 마음에 옆 사람 따라 투자금을 밀어 넣었지만 내 기준이 아닌 것 같아 불안합니다.

● 대가의 원칙이 나에게 적용되지 않는 이유

현실이 이렇다 보니, 사람들은 투자 경력이 오래되고 꾸준한 성과를 낸 대가들의 기준, 즉 원칙을 찾습니다. 그 오랜 세월 동안 꾸준한 성과를 낸 것에는 분명한 이유가 있을 것이니 그것을 따라 하면 나도 불안해 떨지 않는 단단한 투자가 가능할 것이란 믿음이 있기 때문입니다.

다행히, 대가들도 책이나 강연 등을 통해서 그들이 부를 이룬 원칙을 아낌없이 나누어 주고 있습니다. 스테디셀러인 김승호 회장의 '돈의 속성'이나 레이 달리오의 '원칙' 뿐만 아니라 크고 작은 부와 성공을 이루어 낸 분들의 책에는 새겨서 지킬만한 사업과 투자의 원칙이 잘 드러나 있습니다. 그래서, 이런 책을 볼 때마다 무릎을 치며 감탄하면서 나도 적용해 봐야겠다고 다짐합니다. 하지만, 아쉽게도 어렵게 찾아낸 부자나 대가들의 귀한 투자원칙도 막상 내가 따라 하려니 잘되지 않습니다. 분명, 나의 사사로운 기준보다 더 보편적이고 확실하게 나를 부로 이끌어 줄 기준인데 현실은 여전히 불안하고 헛발질입니다. 이유가 무엇일까요?

그 이유는 바로 나에게 좋은 기준이 없어서가 아니라 지킬 수 없는 기준을 지키려 하기 때문입니다. 아무리 좋은 기준도 지킬 수 없으면 말 잔치일 뿐입니다. 예를 들어, 우리가 처음 투자할 때 마음먹었던 "나는 우량주에만 투자할 거야."라던가 "나는 입지에 기반한 가치 투자를 할 거야"라는 기준을 되짚어 보겠습니다. 이 기준들은 보편적이고 훌륭한 기준입니다. 초심자부터 대가까지 누구도 부정하지 않고 수많은 사례를 들면서 권장하기 때문입니다. 하지만, 역설적으로 가장 지키기 어려운 기준입니다. 왜냐하면, 우량주나 우량 부동산은 비싸서 하나 사기도 버겁기 때문입니다. 그래서, 이 기준을 지켜서 규모 있는 부를 이룰 수 있는 사람은 이미 부를 이룬 대가들이나 부자들입니다. 그러니, 알고 인정하면서도 지킬 수 없는 기준이 되는 것입니다.

그러니, 부자들이 가지고 있는 투자원칙은 참 좋지만 당장 내가 지키기 어려운 것들입니다. 지킬 수 없는 원칙은 내 무릎만 치게 만드는 말 잔치입니다. 그러므로, 눈높이가 다른 그들의 원칙보다는 내가 쉽게 지킬 수 있는 현실적인 기준이 필요합니다.

● **투자 기준은 지키기 어려워도 돈의 기준은 지킬 수 있다.**

그렇다면, 내가 쉽게 지킬 수 있는 현실적인 투자 기준 무엇일까요? 그것은 바로 돈에 대한 기준입니다. 정도의 차이는 있지만 모든 투자자가 가지고 있는 공통분모이기 때문입니다.

예를 하나 들겠습니다. 100억을 가진 A와 1억을 가진 B 중, "입지에 기반한 가치 투자를 하겠다"라는 기준을 지킬 확률이 높은 사람은 A입니다. 하지만, "절대 자금 경색으로 흑자 도산하지 않겠다."라는 기준은 A나 B 둘 다 지킬 수 있습니다. 왜냐하면, 투자 물건은 서로 달라도 자금 운용하는 처지는 같기 때문입니다. 아무리, 100억을 가진 사람도 자금 경색이 걸려 부도가 나면, 자산을 잃고 시장에서 퇴출당합니다. 반면, 1억을 가진 사람이 자금을 잘 굴려서 오랫동안 투자를 잘해온다면, 100억 부자가 될 수 있습니다. "절대 자금 경색으로 흑자 도산하지 않겠다."라는 기준을 A가 아닌 B가 지킨다면 말입니다. 그러므로, 부자가 되고 싶다면, 그리고 투자판에서 살아남고 싶다면 돈의 원칙을 세우는 것이 우선입니다.

● 대치동 키즈가 지키는 돈의 원칙은?

저 역시도, 투자 대상이 아닌 돈에 대한 원칙을 가지고 있습니다. 제가 가지고 있는 돈에 대한 원칙은 하나입니다. 바로, 시간적 여유를 가지자입니다. 투자에 있어서 시간적 여유를 가지자는 말은 시간에 쫓기지 않는 투자를 하자는 말입니다. 투자에서 시간에 쫓기면 제대로 된 판단을 하지 못하게 됩니다. 시간에 쫓기지 않으려면, 시간의 꼬리표가 달린 돈을 쓰지 말아야 합니다. 예를 들어서, 다른 곳에 잔금을 치러야 할 돈을 그사이 단기 투자에 유용하지 않거나 특정 시점 안에 반드시 팔아야 하는 조건이 걸린 물건은 투자하지 않는 식입니다.

이런 돈에 대한 기준을 세운 이유는 과거 상승과 하락을 경험하면서 투자 계획이 내 시간표대로 되지 않는 것을 알았기 때문입니다.

그래서, 투자를 이어가려면 때가 올 때까지 기다려야만 하는 시간이 필연적으로 생기게 되는데 그 시간을 견디려면 자금 경색이 일어나지 말아야 합니다. 제가 현금을 강조하는 이유도 이러한 시간적 여유를 가지려는 노력의 일환입니다.

대신, 투자 대상에 대한 기준은 유연하게 잡습니다. 투자 대상에 조건을 걸기 시작하면 투자할 물건의 시야가 좁아지기 때문입니다. 예를 들어, 누군가가 상가 투자가 위험하다고 하지 말라고 해서 제외해 버리면 내 시야는 그만큼 좁아집니다. 자산과 운용하는 돈의 규모, 그리고 투자의 경험이 늘어감에 따라 자신의 주특기 투자 대상은 업그레이드가 되어야 합니다. 예를 들어, 종잣돈 5천만 원 시절에 갈고닦았던 공시가 1억 이하 주택 투자 주특기를 100억 자산가가 된 후에도 계속할 수는 없습니다. 공시가 1억 이하 투자만으로 100억을 굴리는 것은 시간적이나 체력적으로 효율적이지 않기 때문입니다. 선순환 부동산 투자를 위한 뿌리-줄기-잎 자산 포트폴리오 역시, 원칙이 아닌 경제적 자유를 이루기 위한 방법입니다. 그러므로, 이 역시 각자의 상황에 맞게 얼마든지 변경할 수 있습니다.

부자가 되려면 돈 그릇을 키워야 한다는 말이 있습니다. 돈 그릇을 키우려면 먼저 그릇의 모양이 돈을 차곡차곡 담을 수 있도록 만들어야 합니다. 돈의 원칙은 바로 그릇의 모양을 만드는 작업입니다. 바닥이 안정적이고 단단한 모양을 가진 돈 그릇은 커지더라도 기울어지거나 깨지지 않고 힘들게 모은 부를 지켜낼 수 있습니다.

투자의 기준은 유연해도 됩니다. 중요한 것은 돈의 기준을 지키는 것입니다. 그래야, 돈 그릇을 키울 수 있습니다.

에필로그

경제적 자유를 이루려면 어떻게 준비해야 할까?

　경제적 자유라는 말이 인기입니다. 검색을 하면 수십만 건의 게시물이 나올 정도로 블로거들이나 유튜버들이 단골 소재로 다루면서 파이어족과 같은 신조어가 탄생한 배경이 되었습니다. 그만큼 구속이나 속박당하지 않으면서도 경제적으로 풍요로운 삶을 살고자 하는 사람들의 열망은 대단한 것 같습니다.

　경제적 자유라는 말은 원래 경제생활에 있어 독립되어 의지에 반하는 행위를 하지 않을 자유를 뜻합니다. 하지만, 한국 사회에서 경제적 자유는 조기 은퇴와 결부되는 것 같습니다. 과거에는 조기 은퇴하기 위해 10년 동안 10억을 모으자는 구호가 인기였으나, 지금은 조기 은퇴하기 위해 얼마나 있어야 할지에 대한 금액적 기준이 모호해졌습니다. 그 대신, 경제적 자유를 위해 얼마가 필요한지를 물어보면 다음과 같은 대답을 들을 수 있습니다.

"남에게 구속받지 않고 나와 가족을 위해서 소비할 자유 시간과 돈이면 될 것 같아요."

여기서 중요한 키워드가 나옵니다. 바로 내가 원하는 만큼 쓸 수 있는 "자유 시간"과 "돈"입니다. 이 자유 시간과 돈은 상호 보완관계입니다. 그래서, 자유 시간이 많아도 돈이 없으면 자존감이 낮아지고, 반대로 돈은 많은데 남에게 시간을 속박당하는 다람쥐 통 속 삶이면 번- 아웃[1]이 생깁니다. 그러다 보니, 많은 사람들이 자유 시간과 돈을 동시에 잡기 위한 목표를 설정합니다. 한때는 20억, 30억과 같은 숫자로 가늠해 왔는데 요즘에는 고민하지 않고 소비할 수 있는 수준의 현금 흐름을 만들고 싶다는 것으로 귀결되는 것 같습니다.

이쯤에서 독자들이 궁금해하시는 것이 있을 것입니다. 대치동 키즈는 경제적 자유를 이루어서 이 글을 쓰고 있는지 말입니다. 말씀드리기 조심스럽지만 부동산 투자와 사업으로 벌어들이는 매월 현금 흐름은 직장 소득을 상회하고 있습니다. 그래서, 현재는 별 구속 없이 제 의지대로 24시간을 쓰는 중입니다. 이에, 한 걸음 먼저 간 입장에서 직장인, 혹은 시간 노동자가 현실적으로 만들어 갈 수 있는 경제적 자유에 대해 말씀드리고자 합니다.

---

[1] 지나치게 의욕적으로 일에 몰두하던 사람이 극도의 신체적, 정신적 피로감을 느끼면서 무기력해지는 증상

● 금전적 자유는 닿으면 멀어지는 희망 사항이다.

경제적 자유의 첫 번째 목표인 무엇인가를 소비할 때 고민하지 않고 소비할 수 있는 수준의 돈은 달성하지 못하는 신기루와 같다는 것을 경험적으로 알게 되었습니다.

월급 이외의 추가적인 월 현금 흐름이 생기면 확실히 생활의 여유가 생기긴 합니다. 그리고, 그 여유를 가지고 일정 기간은 고민하지 않고 소비할 수 있게 됩니다. 하지만, 경험해보니 그 여유라는 것이 쉽게 내성이 생깁니다. 그전까지만 해도 무엇인가를 소비할 때 고민하던 것을 더 이상 고민하지 않게 되었지만, 그만큼의 씀씀이가 커지면서 이내 당연하게 생각해 버리게 되었습니다. 그래서, 지출 계획을 세우지 않으면 통장의 남은 잔액은 다시 예전의 여유 없던 상태로 돌아와 버립니다. 그런데, 지출 계획을 세운다는 것 자체가 소비에 대해 고민을 하는 것을 말하니, 고민 없는 소비를 하고 싶다는 바램은 욕심의 크기가 커질수록 닿으면 멀어지는 희망 사항이 됩니다. 매월 빡빡하게 계획을 세우다가, 경제적 자유 맛에 취해 몇 달 고민 없이 써버리고 나서 어느 날 비어 있는 통장을 보고 놀라 얻은 깨달음입니다.

혹자는 더 쓰기 위해 더 벌면 되지 않냐고 반문하겠지만 금전적 자유에 대한 갈증은 쉽게 해소되지 않습니다. 돈이 있어야 움직이고 돈의 양이 많을수록 커가는 자본주의의 특성상, 많이 벌수록 그 돈으로 해결할 수 없는 더 좋은 물건이나 서비스를 계속해서 보여주며 욕구를 불러일으키기 때문입니다. 그래서, 이러한 욕구를 쫓아서 무한궤도열차를 타게 되더라도 금전적 자유를 이루기가 어렵습니다.

● 경제보다 자유에 초점을 맞춰야 실현가능성이 높아진다.

이러한 모순에 빠지지 않으려면, 경제보다 자유에 초점을 맞춰야 할 필요가 있습니다. 자유라는 것은 구속의 반대말입니다. 즉, 내가 내키지 않거나 하기 싫은 일을 하지 않는 것을 말합니다. 직장인들이 자유를 갈망하는 것은 월급을 받으려면 어쨌든 매일 8시간을 채워야 하고 궂은일도 해야 하기 때문입니다. 이러한 시간의 자유 혹은 선택의 자유는 그 정도만 대체할 수 있는 돈벌이를 찾으면 해결을 할 수 있습니다. 그렇다면, 현재의 구속을 대체할 돈벌이를 찾아 달성하는 경제적 자유의 방법은 무엇이 있을까요? 여기, 2가지가 있습니다.

첫 번째 방법은 사업 소득입니다. 우리가 추구하는 사업 소득은 거창한 프랜차이즈나 대단한 회사를 설립하는 것이 아닙니다. 지금 다니는 회사를 나와도 되겠다는 자신감이 생길 정도의 꾸준히 할 수 있는 수익 창출 활동이면 됩니다. 되도록 작은 자본으로 할 수 있는 활동을 찾아서 작게 시작해서 회사를 나와도 되겠다 싶은 시점까지 계속 키워 나가는 식입니다. 혹자는, "내가 사업을?"이라고 생각하실 수 있습니다. 저 역시도 하기 전에는 똑같은 생각을 했기 때문입니다. 사업하다 망한 누군가를 아는 분이라면 손사래를 칠 수도 있습니다. 하지만, 사업하시는 분들을 만나면서 느낀 것은 사업도 사업 나름이라는 것입니다.

두 번째 방법은 투자 소득입니다. 투자 소득이 경제적 자유의 두 번째 단계인 이유는 투자 소득으로 월급을 대체할 시스템을 만드는 것은 사업 소득을 만드는 것보다 돈과 시간이 더 많이 드는 일이기 때문입니다. 투자 소득에는 매매차익을 통해 만드는 소득과 배당이나 이자, 월세 소득을 통해 만드는 소득이 있습니다. 경제적 자유를 얻기 위해서는 마르지 않는 현금 흐름이 필요합니다. 그러기 위해서는 자산 가치를 유지하면서 투자 소득을 지속해서 만들어 내는 자산이 필요합니다.

이러한 자산으로는 배당을 주는 주식이나 은행 이자, 월세형 부동산이 대표적입니다. 하지만, 배당은 삼성전자 기준으로 대략 5% 이내, 은행 이자는 1% 이내, 그리고 월세도 수도권 기준 5% 이내 수준이기 때문에 나의 월급을 대체하려면 어마어마한 돈이 듭니다. 예를 들어, 단순 계산했을 때, 세후 500만 원을 받으려면 세금과 대출 이자, 유지 비용을 포함해서 월 900만 원의 현금 흐름이 나와야 합니다. 이를 위해서는 27억 상당의 자산이 필요합니다. 대출 차입을 쓰더라도 자기 자본이 15억 이상은 있어야 세후로 저 정도 금액을 받을 수 있습니다. 자기 집 빼고 아파트로 순자산 30억 정도를 만들어 놔야 양도세 일반과세로 해서 가처분 소득으로 15억 정도 남지 않을까 싶습니다. 쉽지 않은 일입니다. 물론, 매매차익을 통해서 경제적 자유를 달성할 수도 있습니다. 매년 매매로 6억 정도를 벌어서 6천만 원은 1년 생활비로 쓰고 남은 5억 4천은 재투자해서 이듬해 다시 6억을 벌 수도 있습니다. 하지만, 그 돈을 벌기 위해 나는 투자에 온 신경과 노력을 써야 하고 그런데도 매년 성공한다는 보장은 없습니다.

그래서, 직장인이 투자로 경제적 자유를 달성하는 것은 오랜 기간의 인내가 필요합니다. 앞서 말씀드린 것처럼 뿌리-줄기-잎으로 자산 배분 전략을 세운 후 뿌리 자산에서 나오는 종잣돈으로 줄기 자산을 매입해 종잣돈을 불려 수익형인 잎 자산을 매입합니다. 그리고, 남은 돈과 뿌리 자산에서 나온 초기 종잣돈을 모아 줄기 자산에 투자해 종잣돈을 불려서 다음 잎 자산을 매입하는 행위를 반복해야 합니다. 그렇게 해서, 직장 소득이 있는 동안 하나씩 모은 수익형 부동산에서 이자와 비용을 떼고 남은 세후 월세 수익을 차곡차곡 쌓아서 근로소득만큼 될 때까지 모아나가야 합니다.

● **무엇이 더 빠를까?**

제 경험상으로도 그렇고 주변 투자자나 사업가들을 봐도 그렇고 투자로 경제적 자유를 달성하는 것보다 사업으로 경제적 자유를 달성하는 것이 더 빨랐습니다. 그리고, 투자하는 직장인 중 경제적 자유를 달성했다고 느끼는 사람은 많지 않았지만, 사업을 통해 경제적 자유를 달성했다고 느끼는 사람이 더 많았습니다.

이것은 두 가지 방법 중 무엇이 더 나을까를 의미하지는 않습니다. 사업을 통해서 경제적 자유를 이룬 사람도 투자 소득만으로 경제적 자유를 이루어 절대 시간을 확보하고 싶어 하기 때문입니다. 내가 일하지 않아도 자산이 현금 흐름을 만들어 주는 시스템을 만들고 싶어 하는 것은 직장인 투자자나 사업가 투자자나 다 마찬가지입니다. 다만, 투자로 만들어 내는 경제적 자유는 오랜 시간이 필요하기에 빠른 경제적 자유를 추구한다면 사업이 대안이 될 수 있다는 것입니다.

● 여러분이 경제적 자유를 추구하는 이유는 무엇인가요?

10년 전, 30대의 저는 언제 올지 모르는 미래의 성공만을 꿈꾸면서 현재를 희생하던 사람이었습니다. 가족들과 보내는 시간과 비용은 고민하고 벌벌 떨면서 아까워했던 반면, 투자한다고 설치고 다니던 시간과 비용은 마치 게임 머니처럼 생각했습니다. 그리고, 그 모든 행위를 "다 가족이 잘 되기 위한 것이라는" 명분으로 덮어왔었습니다.

"이게 나 혼자 잘되자는 거니? 다 가족을 위한 거야.... 그러니 우리 지금은 좀 만 참자"

그러다가, 시장이 바뀌면서 주식은 상장 폐지당하고 부동산은 반값이 되고 나니 이 모든 명분은 내 조급한 미래의 욕심만 쫓았던 결과라는 것을 알았습니다. 그러고 뒤를 돌아보니, 욕심 뒤로 버려졌던 현재의 단상들이 머릿속에 계속 맴돌았습니다. 그 사이, 아이들의 돌아오지 않는 시간은 지나갔었습니다.

"그 돈이었으면 가족들과 OOO를 할 수 있었을 텐데...."

그렇게 수년간의 후회와 고통을 겪으면서 삶을 바라보는 태도가 바뀌었습니다. 더 이상, 내 개인적인 욕심을 쫓아 현재를 희생하지 않겠다는 것입니다. 그렇게, 다시 재기해서 지금의 대치동 키즈가 되고 나서는 저는 현재를 즐기며 살고 있습니다. 그래서, 저의 경제적 자유, 투자와 사업에는 목표 금액도 달성 시기도 없습니다. 그저, 시간과 공간의 구애를 받지 않고 가족과 현재를 즐길 수 있는 정도라는 설정만 있을 뿐입니다. 이것들은 제 삶의 도구일 뿐 목표가 아니기 때문입니다.

저는 욜로(YOLO)[1]를 좋아합니다. 그리고, 지금, 이 순간의 즐거움과 놓칠 수 없는 기억에 더 많이 쓰기 위해서 더 열심히 벌어야겠다는 생각이 듭니다. 죽을 때까지 평생 욜로를 해야 하니 말입니다. 이것이 제가 경제적 자유를 추구하는 이유입니다.

---

[1] you only live once의 두문자어로 한번 사는 인생 제대로 즐기자는 의미

부동산 하락장에서 살아남기

제1판 1쇄 :: 2022년 11월 11일
제1판 2쇄 :: 2022년 11월 22일

지은이 | 대치동 키즈
발행처 | (주)재유
등 록 | 제2022-000104호 (2022년 9월 27일)
주 소 | 경기도 용인시 수지구 현암로 99 202-8호
전 화 | 070-8870-6720
팩 스 | 0504-027-5745
이메일 | jaeyoobooks@naver.com
홈페이지 | https://jaeyoobooks.modoo.at
가격:17,000 원

ISBN 979-11-980292-9-4 03320

* 잘못된 책은 구입하신 서점에서 바꾸어 드립니다.
* 저작권법에 따라 보호받는 저작물로 무단 전제와 무단 복제를 금지합니다.